Herrnkind | Zobel

Was wir von Tieren lernen können

RENÉE HERRNKIND

& FRANZISKA VIVIANE ZOBEL

WAS wir von TIEREN LERNEN Können.

FREIES GEISTESLEBEN

1. Auflage 2022

Verlag Freies Geistesleben
Landhausstraße 82, 70190 Stuttgart
www.geistesleben.com

ISBN 978-3-7725-3221-4

🔲 auch als eBook erhältlich

© 2022 Verlag Freies Geistesleben
& Urachhaus GmbH, Stuttgart
Umschlaggestaltung & Illustrationen: Franziska Viviane Zobel
Druck und Bindung: Pustet GmbH, Regensburg
Printed in Germany

INHALT

Vom MITEINANDER werden

Wir müssen etwas zurechtrücken: unseren Platz in der Welt und damit auch unser Verhältnis zu Tieren, also zu den anderen Tieren, den «nicht-menschlichen Tieren». In den letzten Jahren haben Biologen und Biologinnen neue Erkenntnisse zu Tage gefördert, die für viele, die mit Tieren leben, schon lange selbstverständlich waren. Nun ist es auch wissenschaftlich bewiesen: Tiere können doch denken, fühlen, leiden beinahe wie wir, sie entwickeln sogar unterschiedliche Kulturen.

Noch vor wenigen Jahrzehnten wären Forscherinnen und Forscher ausgelacht worden, die gesagt hätten: Tiere denken. Tun sie nicht, hatte mich meine Lehrerin im Biounterricht in den achtziger Jahren sehr vehement korrigiert: «Nur Menschen denken, Tiere folgen ihren Instinkten.» Schon damals hatten meine Pferdefreundinnen und ich das Gefühl, dass das irgendwie falsch war. Auf unseren Ausritten über die Stoppelfelder spekulierten wir darüber, wie Pferde denken und was – das «Verbot» der Bio-Lehrerin trotzig ignorierend. Ich musste an sie denken, als ich viele Jahre später las, dass die Forschung unsere romantischen Vorstellungen von damals inzwischen bestätigt hatte.

Menschen, die mit Tieren leben oder arbeiten, haben schon immer gespürt, dass Tiere mehr sind als instinktgesteuerte Wesen ohne Charakter und eigenen Willen – und dass sie mehr sind als «Sachen». Auch wenn sie das deutsche Recht so einstuft. Ich glaube, jeder Schäfer wusste das, jede Milchbäuerin und jeder Reiter sowieso. Dennoch haben wir Tiere lange so behandelt, als seien sie Sachen. Und tun es noch immer.

Der Kulturwissenschaftler Ulrich Raulff hat über die kulturelle und militärische Bedeutung der Pferde in der Vor-Automobil-Gesellschaft geschrieben, über das Pferd als Tempo- und Kriegsmaschine, ohne das unsere Geschichte völlig anders verlaufen wäre. In seinem Buch *Das letzte Jahrhundert der Pferde* hat er Bilder von Pferden auf den Schlachtfeldern der beiden Weltkriege zusammengetragen, die zeigen, wie sehr Menschen Pferde für ihre niederen Zwecke missbraucht und gequält haben. Damals wurde wenig Anstoß daran genommen, natürlich nicht. Eine

Gesellschaft, die nichts Schlimmes daran findet, Kinder mit Prügel zu strafen, wird sich kaum über eine Pferdepeitsche echauffieren.

Wie Menschen mit Tieren umgehen, ist ein Spiegel ihres jeweiligen Weltbildes, so viel ist klar. Jahrhunderte von autoritären Gesellschaften haben eine autoritäre Reiterei hervorgebracht, die jetzt – im Zeitalter von Emanzipation und Kommunikation – langsam durch die Pferdeflüsterei abgelöst wird. Das ist der Versuch, mit Pferden in der Sprache der Pferde zu kommunizieren und zu beweisen, dass technische Hilfsmittel und Gewalt nicht nötig sind, um Pferden zu vermitteln, was der Mensch im Sattel will. Das ist zweifellos eleganter als mit Sporen und Kandare und vor allem schmerzfreier für die Tiere, doch es bleibt die gleiche Geschichte: Das Pferd soll tun, was wir wollen. Weil uns das gefällt. Lässt man sich auf die Überlegungen der Tierrechtsbewegung ein, gibt es dafür keine Rechtfertigung. Und ab da wird es sehr kompliziert, unser Verhältnis zu den Tieren.

Der laute Protest gegen eine Moderne Fünfkämpferin, die bei den Olympischen Spielen 2021 in Tokio ihr panisches Pferd über den Parcours prügelte, zeigt, dass etwas in Bewegung geraten ist – während gleichzeitig die alte Selbstverständlichkeit, mit der wir Menschen über Tiere zu verfügen glauben, noch da ist. Während der Sportreporter live im Fernsehen die Reiterin bedauerte, weil sie ein so unwilliges Pferd zugelost bekommen hatte, lief in den sozialen Medien die Empörungsmaschine heiß. Dort wurde nicht nur der Rücktritt der Sportlerin und ihrer Trainerin gefordert, sondern auch die Abschaffung sämtlichen Sports mit Pferden.

Ähnliches lässt sich auch in anderen Bereichen beobachten. Die einen bauen Rettungshöfe für geschundene Tiere aus der Intensivlandwirtschaft, die anderen sprechen schon von Tierwohl, wenn intelligente Wesen wie Schweine einen halben Meter Platz in einem öden Stall bekommen, in dem sie ihr gesamtes Leben fristen. Und manchmal finden sich beide Extreme sogar in einer Person vereint, bei Tierfreunden, die all ihr Geld zum Hundefriseur und Pferdeosteopathen tragen, damit es ihren Lieblingen an nichts fehle, um anschließend beim Discounter Billigfleisch zu kaufen. Irgendwo dazwischen suchen Landwirtinnen und Landwirte nach einem guten Weg, tierische Lebensmittel zu produzieren und ihren Tieren trotzdem gerecht zu werden. Nicht einfach.

In der Argumentation der Tierrechtsbewegung gibt es keine Rechtfertigung dafür, Tiere zu töten, die nicht sterben wollen. Folgt man jedoch den Biodiversitätsforscherinnen und -forschern, versteht man, dass wir Grünland beweiden müssen, um die biologische Vielfalt der Kulturlandschaften Mitteleuropas zu erhalten. Beweiden mit Weidetieren, die wir töten dürfen, weil es keine großen Beutegreifer mehr gibt, die das für uns übernehmen würden.

Wir müssen als Gesellschaft ganz neu aushandeln, wie wir mit Tieren umgehen wollen. Auf der Grundlage der Wissenschaft, die uns gezeigt hat, dass wir Menschen auch nur Tiere unter Tieren sind, dass uns nichts fundamental von «nichtmenschlichen Tieren» unterscheidet, und dass wir selbst Teil von Ökosystemen sind, ohne die wir nicht überleben könnten. Tiere und Natur sind also nichts, was uns als Anderes gegenübersteht. Vielmehr sind wir Teil der Natur. Wir Menschen sind nur diejenige Spezies, die den Globus so verändert hat, dass beinahe alle anderen gefährdet sind, deshalb haben wir eine besondere Verantwortung – nicht nur für uns, sondern für alle anderen mit.

Die Biologin, Wissenschaftstheoretikerin und Feministin Donna Haraway macht klar, dass wir uns deshalb neu positionieren müssen. Wir sind nicht die, die sich anmaßen dürfen, über Tiere und Natur zu verfügen, wir hängen mittendrin im Netz des Lebens. «Keine Art handelt allein, nicht einmal unsere eigene arrogante, die auf Basis sogenannter moderner, westlicher Skripte so tut, als würde sie aus artigen Individuen bestehen», schreibt sie. «Diese Zeiten, Anthropozän genannt, sind die Zeiten einer artenübergreifenden Dringlichkeit, die auch die Menschen umfasst. Es sind Zeiten von Massensterben und Ausrottung; einer Weigerung, sich die kommende Katstrophe rechtzeitig präsent zu machen; Zeiten eines nie dagewesenen Wegschauens.»*

Der fossilienverbrennende Mensch, so bringt Haraway es klar und scharf auf den Punkt, scheine darauf aus zu sein, in kürzester Zeit so viele neue Fossilien wie möglich herzustellen.

* Donna J. Haraway: *Unruhig bleiben. Die Verwandtschaft der Arten im Chthuluzän*, übersetzt von Karin Harrasser, Campus Verlag, Frankfurt am Main 2018, Seite 54.

Um dem etwas entgegenzusetzen, müssen wir über das Anthropozän hinausdenken, schlägt Donna Haraway vor. Wir sollten all die Vorstellungen hinter uns lassen, die uns überhaupt erst in diese Situation gebracht haben: unseren Anspruch, die Natur und die Tiere dominieren zu dürfen, die Idee von Technik als Fortschritt und das Konzept von uns Menschen als wirkmächtige Individuen, als Einzelkämpfer. Haraways Gegenmodell sind «artenübergreifende Praktiken des Miteinander-Werdens», und das ist ein guter Neuanfang. Um das zu schaffen, müssen wir uns zurechtrücken – auf Augenhöhe mit den anderen Tieren. Wir sollten ihnen zuhören und auch von ihnen lernen.

Dr. Tanja Busse

PRRRF
wühühü

WILLKOMMEN

in diesem BUCH

Alle wesentlichen Themen meines Lebens habe ich (auch) mit meinen Tieren bearbeiten können, manches Mal sogar sehr eindringlich «besprechen» müssen. Für mich ist dieses Leben mit Tieren seit Jahrzehnten selbstverständlich. Aber viele meiner Freundinnen und Freunde bekommen immer noch ganz große Augen, wenn ich erzähle, wie Hündin Kira mir morgens eine unüberhörbar klare Ansage zu meiner aktuellen Verfassung macht, die Ziegen Emely und Lara mir Varianten von Führungsstilen zeigen, Glucken Vorbilder im Loslassen werden oder meine damals kleine Tochter dank unserer ersten Katze Rosa verstanden hat, dass es nicht immer nur nach ihrem Kopf geht.

Die essenziellen Fragen von Nähe und Distanz, Freiheit und Kontrolle, Vertrauen und Verantwortung, die wortlose Verständigung in der universellsten aller Sprachen, der Körpersprache, die

Wirkung von Ausstrahlung und innerer Haltung – all das spiegelt sich im Tier, das mir nahe ist. In diesen Spiegel kann ich schauen und erkennen, was meine Lernaufgabe ist.

Tiere sind meine Lebensgefährten, Begleiter auf Zeit, leider immer zu kurz. So schmerzlich dieses Limit ist, so groß ist für mich dadurch die Chance, den Übergang vom Leben zum Sterben zu begleiten, daran zu wachsen, wie Tiere ihre letzte Lebensphase – ja, ich sage es so – gestalten. Dabei geht es mir nicht um den zielgerichteten Erwerb von begehrten «Soft Skills» wie Respekt, Verantwortungsbewusstsein, Disziplin, Teamfähigkeit, Durchsetzungskraft, Empathie, Zuverlässigkeit, Frustrationstoleranz, Flexibilität, Problemlösungskompetenz. Sicherlich entwickeln wir diese im Stall oder neben dem Hunde-Körbchen. Aber nur, wenn wir Zweibeiner das Tier nicht zum Objekt menschlicher Ansprüche machen – davon bin ich zutiefst überzeugt. Tiere sind kein Mittel zum Zweck, sondern unmittelbar wirksame Bindeglieder zur Natur, eingebettet in archaische Rhythmen, seit Urzeiten verbunden mit uns Menschen in einem Prozess des gegenseitigen Zähmens im Sinne des kleinen Prinzen von Antoine de Saint-Exupéry, dem der Fuchs erklärt: «Zähmen heißt, sich vertraut machen.»

Ja, ich vertraue Tieren, ich schätze das Zusammenleben mit der jeweiligen Andersartigkeit und ich spüre, wie es mich prägt im Umgang mit allem Leben, mit allen und allem Lebendigen. Für mich liegt da das Wesentliche des Lebens, im wahrsten Sinne des Wortes. Begreife ich ein anderes Wesen, indem ich mich mit ihm vertraut mache, begreife ich dabei in einem tieferen Sinne mein Wesen und entwickele es in der Wechselwirkung mit diesen Seelenverwandten weiter.

Ohne die Persönlichkeiten auf vier Beinen, Hufen, Klauen, die mir in den letzten Jahrzehnten nahe waren, wäre ich nicht die, die ich heute bin. Ohne Hund, Katze, Ziege, Pferd, Huhn, nicht zu vergessen Rind und Schwein, Löwe und Biene, wäre die Welt ärmer, unfruchtbarer und trostloser.

Wie schön und wertvoll kann es sein, wenn wir zweibeinigen Tiere lernen, dem anderen Lebewesen, das uns doch so verwandt ist, mit Interesse und Wohlwollen zu begegnen, die Andersartigkeit als Bereicherung zu begreifen.

Vielleicht regen die Episoden aus meinem tierisch reichen Leben dazu an, darüber nachzudenken, sich darauf einzulassen? Das wiederum würde mich tierisch freuen.

Ihre Renée Herrnkind

PS: Mein Dank geht an die Hunde Oskar, Mozart, Anka, Nico, Lea, Lola, Kira, Kaalotta, Maalin, die Katzen Rosa, Lila, Miss Whoopy, Charly, Findus, Mieke, Mara, die Ziegenherde mit Emely und Co., die Pferde Flicka und Nanu, das Hühnervolk mit Bertha und all den anderen.

Und an Dr. Tanja Busse für das Vorwort und natürlich an Franziska Viviane Zobel für ihre Illustrationen, die sie zur Serie im Lebensmagazin *a tempo* (www.a-tempo.de), in dem diese Beiträge zuvor erschienen sind, gezeichnet hat.

TIERISCH viel seele

Seit Jahrtausenden beschäftigen sich kluge Menschen – meist mehr oder weniger alte, weiße Männer – mit der Frage: Haben Tiere eine Seele?

Augustinus (354–430) war sich sicher, dass nur Menschen eine unsterbliche Seele haben. Thomas von Aquin (1225–1274) postulierte, Tiere seien nicht für die Ewigkeit geschaffen. Diese Haltung prägt heute noch Christentum und andere Glaubenswelten. Auch Philosophen beschäftigen sich mit der Seelen-Frage, verweisen auf *anima mundi*, die «Welt-Seele», als belebendes Element der Schöpfung. Manche argumentieren mit einer naturphilosophischen Idee der Gruppenseele. Tierseelen kehren demnach nach dem physischen Tod von Schmetterling, Tiger, Bär oder Hund, Katze, Maus in ihre entsprechende Gruppenseele zurück. Rudolf Steiner sieht in Tieren beseelte Lebewesen, grenzt sie jedoch gegen die nur im Menschen zur vollen Entfaltung gelangende seelische Innenwelt mit Empfindungs-, Verstandes- und Bewusstseinsseele ab. Naturwissenschaftler wie etwa der Biologe Rupert

Sheldrake sprechen Tieren ein individuelles Selbstbewusstsein ab. Offenbar kann ohnehin keiner genau definieren, was «die Seele» denn nun wirklich ist – weder beim Tier noch beim Menschen. Da behelfen wir uns manchmal mit begrifflichen Krücken wie Seelenleben, beseeltes Wesen, empfindsam, voller Gefühle wie Freude, Trauer und sogar Empathie, die auch für Tiere gelten.

Aber brauchen wir wirklich Theologen, Philosophinnen, Wissenschaftler oder große Denkerinnen, um Klarheit über die Frage nach der Seele von Tieren zu gewinnen? Vielleicht reicht ja auch einfach die eigene Erfahrung im Zusammenleben mit unseren Haustieren. Obwohl sich mir die Frage nach der Tierseele nie gestellt hatte, lieferte mir meine Hündin Kira darauf eine berührende Antwort. Diese vierbeinige Lehrmeisterin hat meiner inneren Gewissheit, dass Tiere eine Seele haben, eine neue Tiefe verliehen.

Kira bekommt Nachwuchs, die Wehen gehen mitten in der Nacht los. Allerdings bleiben sie über längere Zeit wirkungslos, kein Welpe erblickt das Licht der Welt. Vorsichtig taste ich mich in den Geburtskanal und bekomme ein Schnäuzchen

und ein Pfötchen zu fassen. Mit jedem Pressen der Hündin ziehe ich das Hundebaby weiter hinaus und halte schließlich einen leblosen Welpen in meinen Händen. Kira beleckt ihr Kind intensiv, atmet in die winzigen Nasenlöcher und gibt alles, dem Tierchen buchstäblich Leben einzuhauchen. Vergeblich. Ich lasse ihr das tote Erstgeborene. Erst als der zweite, quicklebendige Welpe ankommt und die volle Aufmerksamkeit der Hundemama fordert, lege ich es außerhalb der Wurfkiste zur Seite. Jetzt geht es zügig weiter und nach vier Stunden nuckeln vier gesunde Welpen an den Zitzen. Als sie sich im Knäuel zusammengerollt haben, erhebt sich Kira, leckt mir kurz über die Hand, verlässt die Geburtskiste, geht zum toten Welpen und trägt ihn vorsichtig ins Wochenbett. Sorgsam legt sie ihr verstorbenes Hundebaby zu den vier anderen. Sie kuschelt sich dazu und schaut mir – ungelogen – tief in die Augen. Die füllen sich mit Tränen. Wenn dieser Hund keine Seele hat, wer dann? Vielleicht – hoffentlich! – wächst aus dem Wahrnehmen unserer tierischen Begleiter in ihrer Ganzheit von Körper, Seele, Geist der Respekt vor allem Lebendigen. Das könnte die Welt ein ganzes Stück besser machen. Den Respekt zollte ich natürlich auch dem kleinen verstorbenen Welpen bei einem abendlichen Begräbnis, mit dem Kira dann auch sichtlich einverstanden war.

wuff.
wuff.
wuff.
danke.
sehr.

GUCKST du?

Lola ist klar. Die zehnjährige Hütehündin weiß, wie die (Hunde-)Welt zu funktionieren hat. Schön, dass ich von meiner vierbeinigen Lehrerin Eindeutigkeit lernen kann.

Gemeinsam mit Lolas Tochter Kira und deren Nachwuchs Kaalotta schlendern wir auf unserer morgendlichen Spazierrunde. Hier ausgiebig «Zeitung lesen» mit feiner Nase, da eine eigene Duftnote setzen, dort mal den Blick schweifen lassen. In der Ferne kündigt sich eine Begegnung an. Ein Mann mit einem schokobraunen Labrador ist auch schon unterwegs. Wir kennen das Duo auf sechs Beinen nicht, also gruppiere ich die Hündinnen um mich. So formiert setzen wir unseren Weg fort. In angemessener Sichtweite grüße ich schon mal freundlich und will ruhig vorbeigehen. Der Labrador hat offenbar andere Vorstellungen von Kontaktaufnahme. Heftig zerrt er an der Leine, stürmt auf uns zu. Sein Herrchen hängt buchstäblich in den Seilen. Lolas Blick hoch zu mir fragt: Soll ich es ihm mal erklären? Mein leichtes Nicken lässt die Hündin entschlossen vorangehen – nein, geradezu majestätisch schreiten.

Lola stellt sich buchstäblich quer. So gibt sie ihrem Rudel Schutz und blockt den stürmischen Halbstarken ab. Der Schokobraune stutzt kurz und donnert dann völlig unangemessen in die klar postierte Hundedame hinein. Wo bleibt denn da der Respekt? Kennt der Kerl keine der einfachsten hündischen Benimmregeln? So nicht, nicht mit Lola, die weiß, wie die Welt funktioniert. Entschlossen baut sich die Fellnase auf. Lola wächst über sich hinaus, wird sichtbar größer, rammt alle vier Pfoten fest in den Boden, legt die Ohren zurück und starrt dem Labrador ins Gesicht. Auch ein deutlich entblößtes tadelloses Gebiss kann diesen jedoch nicht bremsen. Logisch, dass Lola sich das nicht bieten lässt. Knapp vor seiner Brust schnappt sie in die Luft. Aber erst, als die souveräne Hundedame dann doch mal kurz ins Fell des neuen Bekannten zwickt, versteht der Labrador. Erschrocken quiekend springt der Hund zurück. Prompt weicht eine gehörige Portion Spannung aus Lolas Muskeln. Sie bestätigt den Rückzug des Wüstlings mit kurzem Schwanzwedeln und Kopfabwenden. Der Labrador muss erstmal nachdenken, setzt sich auf seinen Hintern. Wir verabschieden uns freundlich lächelnd. Die Hundewelt ist geradegerückt. Meine drei Vierbeiner wollen jetzt erst mal rumalbern – war doch etwas stressig, diese unverhoffte Begegnung am Morgen. Wie passend, dass Linda naht, die blonde Mischlingshündin aus der Nachbarschaft. Die Damen kennen und verstehen sich, haben sich vor Langem respektvoll miteinander bekannt gemacht. Deshalb muss nicht erst ausdiskutiert werden, wie höfliche Annäherung abzulaufen hat. Lola lässt Tochter und Enkelin den Vortritt. Die Zehnjährige bleibt neben mir und beobachtet, wie die dreifarbigen Shepherd-Hündinnen mit der blonden Bekannten fröhlich über die Wiese tollen.

Ja, wer sich kennt und achtet, darf Spaß miteinander haben. Alle anderen folgen bitte unbedingt den ungeschriebenen Gesetzen einer angemessenen (Hunde-)Begegnung. Also kein Breitmachen auf dem Weg, kein machohaftes Anrempeln, kein Pöbeln, keine Aufdringlichkeiten und Grenzüberschreitungen. Lolas Klarheit wird mein Vorbild sein, wenn ich das nächste Mal über diese enge Fußgängerbrücke will und mir der Trupp Jugendlicher vom Typ «Guckst du» das Durchkommen schwermachen will. Bin schon gespannt, wie überzeugend meine Körpersprache dann wirkt. Und versprochen: Zwicken werde ich die Jungs nicht.

Rosa
UND

nein.

der
eigene
wille

Rosa ist die kooperativste kleine Katze, die mir jemals begegnet ist. Schon in ihrem Babynest auf dem Heuboden über dem Pferdestall genießt sie wohlig schnurrend den täglichen Besuch der Reitermädchen. Kinderhände kraulen den Katzenbabybauch, streicheln zärtlich das winzige Kinn, betten die gerade mal 300-Gramm-Katze vorsichtig auf den Kinderbauch.

Tag für Tag erobern die Kitten unter den aufmerksamen Blicken der Katzenmama immer mehr Räume auf dem Reiterhof, galoppieren im Side-Step durch die Stallgasse und springen entschlossen auf imaginäre Mäusenacken. Die Kinder sind fasziniert und kommentieren die Fortschritte im Katzenleben durchaus sachkundig. Schließlich erleben sie hautnah, wie ein Katzenkindergarten die wichtigsten Fähigkeiten für das spätere Leben von Miez und Mauz geradezu im Zeitraffer lehrt. Als der Bauer schließlich sagt: «Natürlich dürft ihr ein Kätzchen mitnehmen» – gibt es kein Halten mehr. Die dreifarbige Glückskatze zieht um in ihr neues Zuhause.

Laura (5) hat sich schon sooooooo sehr gefreut. Endlich ist sie nicht mehr die Kleinste im Familiensystem. Endlich kann sie bemuttern – und bestimmen. Rosa lässt sich im Puppenwagen rumfahren, durchs Haus tragen und zum Spielen animieren, selbst wenn die kleinen Katzenaugen fast schon zufallen vor Müdigkeit. Elterliche Hinweise auf die Bedürfnisse des Katzenbabys müssen schon recht energisch vorgetragen werden, damit Rosa ihre Ruhe finden kann. «Rosa will das doch auch», behauptet die Tochter voller Überzeugung und Tatendrang. Am nächsten Morgen ist Laura auffällig ruhig und Rosa schläft friedlich und ganz ungestört im Körbchen. Beim Frühstück ragen die Pulloverärmel weit über die Handrücken der Fünfjährigen. Den Mutteraugen entgehen die ersten Kratzspuren auf der Kinderhand dennoch nicht. Einen Kommentar verkneift sich die Erziehungsberechtigte wohlweislich.

Nachmittags steht die Tür zum Kinderzimmer offen. Gesprächsfetzen wecken das elterliche Interesse. Laura ist unüberhörbar in Verhandlungen mit Rosa getreten. Statt Heuboden Kinderzimmer, statt Mäusejagd Wollknäuel und Papierkügelchen fangen. Sie kauert vor dem Katzenkorb und fragt mit Säuselstimme: «Wollen wir spielen?» Die Antwort der Babykatze fällt offenbar nicht zu ihrer vollen Zufriedenheit aus, denn der Dialog geht weiter. «Ach Rosa, es ist doch wirklich schön, wenn ich dich im Puppenwagen spazieren fahre.» Vorsichtig streckt die Fünfjährige ihre Hände aus, um Rosa hochzunehmen. Die Entschlossenheit des ersten Tages ist gewichen. Angelegte Katzenohren werden vom Kindergartenkind durchaus wahrgenommen und nun auch verstanden. Allerdings bleibt Laura dran. «Und wenn ich dir den kleinen Ball kullere?», fragt sie. Rosa gähnt nur und zeigt dabei ihre makellosen Milchzähne. Ob das Kind mit denen auch schon Erfahrungen gemacht hat, fragt sich die Mutter. Zumindest kommt das Signal an. Mit einem tiefen Seufzer lässt sich Laura auf den Po plumpsen, legt ihren Kopf auf den Korb und streckt vorsichtig die Hand aus. «Aber kraulen magst du jetzt doch», kommentiert sie die Schmuseeinheit.

Abends sitzen die Eltern bei einem Glas Wein zusammen. Kind und Katze schlummern. «Was heute hier gelaufen ist, hätte ein studierter Pädagoge nie so gut hingekriegt wie Rosa», schmunzelt die Mutter. Laura hat verstanden, dass sie Lebewesen nicht zum Objekt ihrer eigenen Wünsche machen kann. Lektion gelernt – danke, Rosa.

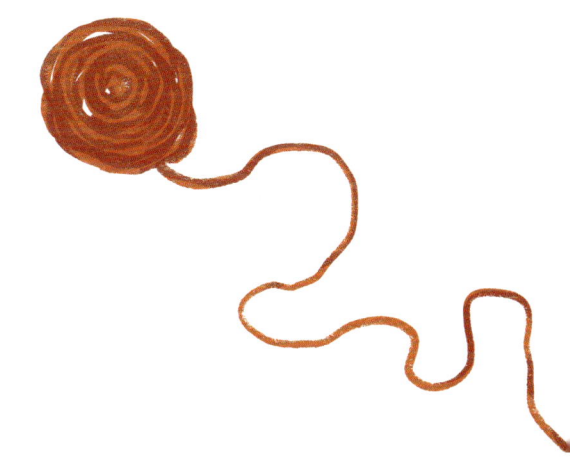

Mütter in der Zickenzone

«Es gibt sone und solche.» Das lässt sich auf jedem Spielplatz beobachten – und im Ziegenstall. Ja, genau da, wo ein richtiger Abenteuerspielplatz mit Offenstall samt «Hochbetten», Rampen und Steinbergen, mäanderndem Bach mit steilem Ufer und verlockend weiten Wiesen die Ziegenmütter herausfordert. Ausgerechnet hier finden nämlich Menscheneltern ihr ultimatives Lernfeld. Denn wie im richtigen Leben gibt es unter den Zicken auch «sone» Mütter und «solche».

Es gibt «sone», die ganz entspannt in einer ruhigen Ecke liegen und genussvoll wiederkäuen, völlig gechillt in die Weite schauen und ihre Kleinen kunstvolle Pirouetten in der Böschung springen lassen, ohne zu intervenieren. Emely, die klügste aller Ziegen, gehört in diese Kategorie. Elsa und Emma, ihre Zwillinge, sind wahre Abenteurerinnen. Während der Kindergartenzeit mit über 40 Zicklein in der Zickenzone donnern sie mit den anderen Miniwiederkäuern die Rampen hoch und die Podeste entlang. Emely liegt

unten drunter und ist beschäftigt: rülpsen, dicke Backen machen, den grünen Brei mit all den würzigen Wiesenkräutern rhythmisch durchmalmen, schlucken – und das in vielfacher Wiederholung.

Ihre Nichte Lara macht sich das Mutterleben ungleich schwerer. Sie gehört zu «solchen» – den Ziegenmüttern, die sich stressen. Seitdem ihre kleine Laetitia das Licht der Welt erblickt hat, gönnt sich Lara keine ruhige Minute mehr. Unentwegt erzählt sie ihrer Kleinen, wie gefährlich das Leben ist: «Bleib hier bei mir. Renn nicht auf der Rampe rum. Spring nicht vom Podest. Halte dich vom Bach fern. Die Brücke darfst du nicht überqueren, dafür bist du noch zu klein. Wie willst du jemals heil von diesem Strohballen runterkommen? Leg dich zu mir und halte Ruhe.» Uff! Während andere Mutterziegen ganz entspannt ruhen, die Sonne genießen oder genüsslich grasen und den Kindergarten ziehen lassen, ist Lara immer auf Achse. Ständig verfolgt sie ihre Kleine, meckert und blökt, bremst und äußert schlimmste Befürchtungen. Ihre Tochter sucht Schlupflöcher im engmaschigen Mutternetz und büxt so manches Mal aus, was Laras Aufregung und Sorgen erheblich steigert. Dabei könnte sie sich ein Beispiel an den Kolleginnen im Stall nehmen: Spätestens wenn der Nachwuchs Hunger hat, sind alle Zicklein wieder ganz nah bei ihren Mamas. Und wenn wirklich mal Gefahr droht – zum Beispiel ein fremder Hund zu nahe kommt –, reicht ein ultimativer Warnruf, und alle drehen auf der Klaue um. Dieses charakteristische Meckern hat sich ganz offenbar tief eingeprägt und wird wirklich nie ignoriert.

«Gut, dass ich nicht so viel rumquatsche wie Lara mit ihrer Laetitia», denkt sich dann vielleicht Emely, «weil deren Ohren doch schon auf Durchzug stehen angesichts der Dauerermahnung. Aber meine Zwillingsmädchen wissen immer, wenn sie meine Stimme hören, dass es gilt. Weniger ist eben doch oft mehr.» Ist halt eine richtige Philosophin, die Emely. Und die perfekte Lehrmeisterin dazu. Vielleicht sollten beim alljährlichen Besuch des Kindergartens die Eltern mal mitkommen, ihre Kinder auf dem Hof spielen lassen und selbst einfach nur Ziegenmütter beobachten? Stopp – nicht nur Ziegenmütter. Auch vom stattlichen Bock Borka können alle etwas lernen. Einfach zuckersüß und richtig klug, wie er mit den halbstarken Jungböcken seine

Kämpfchen macht: wenn Horn an Hörnchen knallt, die Kleinen den 65-Kilo-Papa mal zurückdrängen dürfen. Sind eben alles wichtige Übungen fürs Leben in der Zickenzone – und auf dem Spielplatz!

Wortlos
GLÜCKLICH

Meine Freundin ist frisch verliebt. Beim Spazier-gang zwischen blühenden Wiesen schwärmt sie mir von ihrem «Neuen» vor. Abrupt bleibt sie stehen, verstummt. Fasziniert schweift ihr Blick von links nach rechts.

Links, da fesseln zwei schwarzbunte Kühe ihre Augen. Millimetergenau hat der imposante Bulle sein nicht minder imposantes Horn auf der Stirn-platte seiner Liebsten platziert. Dort kratzt die Hornspitze ebenso zart wie zärtlich offenbar ge-nau die Stelle, die juckt. Mit entrücktem Augen-aufschlag und entspannt hängenden Ohren genießt die Kuh.

Rechts haben sich zwei Pferde von der Herde separiert. Unter hochgezogenen Lippen knibbeln ihre beeindruckend großen Vorderzähne durch die Mähne des tierischen Gegenübers. Bis zum Wider-rist nagen sich die Ross-Partner entlang, kräftig und dennoch höchst vorsichtig, kein Quietschen muss das fellpflegende Tun bremsen. Im absoluten Ein-klang werden die Seiten gewechselt, wandern zwei

Pferdemäuler den jeweils anderen Rücken entlang in Richtung Schweifrübe. Ohne Unterbrechung – und für Menschenaugen unsichtbar – verdeutlichen die tierischen Partner, wo das Schubbeln, Knabbern und Kratzen gerade am angenehmsten ist. Sie dirigieren den Partner ohne Laut, ohne Schubsen und Rumzappeln an die Lieblingsstellen und bestimmen auch die Intensität der Massage ohne erkennbare Zeichen.

Ein tiefer Seufzer aus dem Mund meiner Freundin holt mich zurück aus der tierischen Idylle und lässt mich in den Niederungen menschlicher Beziehungsfragen landen. «Wie gelingt es den Viechern nur, immer genau die richtige Stelle für die liebevolle Behandlung zu treffen?», fragt sie – und ich weiß es auch nicht. Ob dieses tierische Verhalten mit offenbar tiefstem Wissen über die Bedürfnislage des Gegenübers wohl bereits erforscht ist?

Auch wenn der neue Liebhaber meiner Freundin wirklich ein sehr netter ist, erreicht er die gerade entdeckten tierischen Qualitäten scheinbar nicht ganz. Er massiert ihr, so erfahre ich jetzt zwischen Kuhweide und Pferdekoppel, allabendlich die Fußsohlen und löst damit fast schon ein katzenartiges

Schnurren aus. Aber, auch das verrät sie mir unter freiem Himmel, die genau richtige, streichelbedürftigste Stelle zwischen Zehen und Ferse findet er trotz gar nicht so dezenter Dirigierzeichen leider nicht immer. Da hat die schamhafte Lektüre ausführlichster Berichte zur Erfüllung geheimster Wünsche einer Partnerin in diversen Frauenzeitschriften offenbar nicht ausgereicht …

Hätte ich es für möglich gehalten, dass ein Spaziergang in üppig sprießender Natur für Erkenntnisse über das menschliche Liebesleben sorgt? Na ja, wahrscheinlich schon – und ehrlich gesagt: wann, wenn nicht jetzt! Also raus aufs Land mit dem Liebsten oder der Liebsten im Wonnemonat Mai. Und ganz en passant von richtig großen Tieren lernen. Außerdem, aber das wissen wir ja eh alle: freundlich, gar leidenschaftlich die Wünsche zu benennen hilft auch – schließlich können wir Menschen uns ja zweisprachig verständlich machen: körpersprachlich und verbal.

LØSLASSEN

lernen

Ich seh' es ihnen an der Schnabelspitze an. Der Blick geht nach innen – nur ab und zu mogelt sich ein kleiner Seufzer nach draußen. Sie meditieren wohlig ins Sandbad gekuschelt über eines der bedeutendsten Themen unserer Zeit: das Loslassen. – Da bin ich mir ganz sicher.

Sie? Na, unsere beiden Glucken hier im Hühnerhof. Perfekt synchronisiert hatten sich die farbenprächtigen Hennen entschieden, Eier zu sammeln und Nachwuchs auszubrüten. Nach 21 Tagen verrieten zarte Zwitschertöne die glücklichen Geburten – ach ne, bei Hühnern heißt das ja «Schlupf».

Mit sturer Beharrlichkeit waren die angehenden Mütter auf ihren gut gepolsterten Nestern mit den Eiern hocken geblieben, mussten manches Mal sogar zum Picken, Trinken und Verdauen vom Nest gehoben werden. Nach drei Wochen Brüterei prägten dann zartkehlige Töne die Küken auf die Stimme der Mama. Flügel boten warmen Unterschlupf, eindeutige Rufe lockten zu den besten Futterplätzen. Bei Gefahr verwandelte sich das friedliche Federvieh in einen Torpedo, der neugierige Katzen und interessierte Hunde panisch in die Flucht trieb. Der Schutz der Küken geht der Henne sprichwörtlich über alles – Glucken halt.

Jetzt, nach knapp vier Wochen Aufzucht, ziehen sich die Hühnermütter immer mehr zurück, lassen dem Nachwuchs deutlich größere Freiräume. Wo früher beim kleinsten Ausbüxen aus der Glucken-Hemisphäre laute Alarmrufe den Zufluchtreflex der Kleinen auslösten, herrscht jetzt entspannte Gelassenheit. Henne Martha berichtet ihrer Leidensgenossin Berta wohl gerade, dass sie ihre besonders anhängliche Tochter sogar mal weggepickt hat. Wird Zeit, dass die Kleine selbstständig wird. Schließlich werden die Küken bald fünf Wochen alt und sind reif für ein Eigenleben.

In gut drei Wochen stellt sich bereits der Hormonhaushalt der Henne um, der Mutterinstinkt erlischt. Alles wissenschaftlich erforscht, reine Hormonsache. Kein Kopfkino unter dem roten Hühnerkamm, keine emotionale Achterbahn. Also fällt das Meditieren über das Loslassen leicht. Und die Umsetzung noch leichter. Denkste! Ich sehe an der Geflügel-Mimik, wie entrüstet Martha und

Berta über diese Reduktion auf ein rein hormonell gelenktes Wesen reagieren. Hirn und Herz gehören schließlich auch dazu, vermitteln sie mir nonverbal und zwinkern verschwörerisch.

Klar, auch bei uns in der Menschenwelt möchte niemand allein auf das Wirken von Hormonen verwiesen werden. Aber ganz ehrlich – ich hab gerade schnell mal mithilfe von *Ecosia* im Netz gesucht, ob Studien die Wirkung von Hormonen auf die menschliche Herausforderung «Loslassen» belegen. Fakten Fehlanzeige. Aber vielleicht hilft ja doch regelmäßiges Hormon-Yoga, um schlechte Gewohnheiten, Ärger mit dem Chef, Stress im Team, Streit mit dem Liebsten, Kampf mit süßen Versuchungen und sogar den flügge werdenden Nachwuchs loszulassen? Wer weiß das schon? Haben mir da gerade Berta und Martha leicht arrogant lächelnd zugenickt?

DOCH lieber

NESTFLÜCHTER SEIN

Leni (fünfeinhalb) und Paul (fast vier) gucken sich kopfschüttelnd an. Zwei Tage alt soll dieses quicklebendige Ziegenbaby sein? Die ganze Kindergartengruppe – zu Besuch auf dem Hof – staunt über diese Information. Aber für Brüderchen und Schwesterchen hat die Nachricht noch eine tiefere Dimension. Vor sechs Wochen kam Ida auf die Welt. Die kleine Schwester «kann gar nichts», klagt Paul. «Stimmt nicht», korrigiert Leni. «Ida kann schreien, pupsen, trinken, spucken und die Windel vollmachen.» Das hatten sich die zwei ganz anders vorgestellt. Auch wenn ihre Eltern immer wieder mal vorbereitend erklärt hatten, dass ein Baby erst mal nur Aufmerksamkeit und Zuwendung braucht und kein neuer Spielgefährte ist, schmiedeten Leni und Paul längst Pläne für ihr Leben mit Ida. Verstecken spielen, sich über

Kasperle-Theater freuen und nicht zuletzt auch Partei ergreifen – natürlich immer für die jeweils eigene Seite. Das alles – und noch mehr – sah ihr Plan vor. Und natürlich jetzt sofort und gleich und das nicht erst nach geduldig miterlebten langen Monaten.

Da erschüttert die Begegnung mit neugeborenen Zicklein, die schon Bocksprünge machen, übermütig Rampen hoch und runter rasen, die Kräfte messen mit den anderen im Ziegenkindergarten, auffordernd den Kopf gegen das mütterliche Euter stoßen, um an die Milchbar zu dürfen, und sogar schon mutig über den kleinen Bach springen.

Der Gipfel ist allerdings, wie grazil Ziegenböckchen Zoran auf den Rücken der Hof-Chefin hüpft, als die sich bückt, um Heu zu verteilen. Unglaublich ... Wie schafft der das nach so kurzer Zeit, die er ja erst auf dieser Welt ist?

Die Hof-Chefin erzählt, wie schnell das bei Zicklein geht. Kaum aus dem engen Geburtskanal rausgepresst, noch nass und schleimig, sogar etwas blutig («iiiihhh» – kommentiert die Kinderschar), zappeln die kleinen Hufe, rappelt sich das Neugeborene auf Vorder- und Hinterbeine, schwankt und wackelt, fällt immer wieder um und kämpft ausdauernd und beharrlich darum, in die Aufrichte zu kommen. «Echt?», staunen die Mädchen und Jungen. «Und hilfst du ihnen dabei?», wollen sie wissen. Meist schaffe sie es, sich zurückzuhalten und das eifrige Bemühen nur zu beobachten, verrät die Chefin. Und erklärt, warum das wichtig ist. «Die kleinen Ziegen müssen ihre Kraft entwickeln. Sie müssen lernen, sich hinzustellen, erst ganz wackelig und dann immer fester.» – «Das schaffen Menschenkinder meist erst um den ersten Geburtstag herum», ergänzt die Kindergärtnerin – und Marie nickt. Sie erlebt das gerade bei ihrer kleinen Schwester und soll ihr auch nicht immer gleich die Hand hinhalten, um zu helfen.

Aber warum gibt es solche Unterschiede zwischen Menschen- und Ziegenbabys? Lange denken die Kinder über diese Frage nach. Hanna, die bald in die Schule kommt, überlegt laut: «Vielleicht weil sie draußen leben und nicht einfach nur rumliegen können, wenn der Wolf kommt?» Ja, das leuchtet ein. Ziegen gehören in die Natur, leben nicht in sicheren Höhlen, müssen losrennen, wenn der Alarmruf von der Ziegenmama oder dem Leitbock ertönt. Wenn das erst funktionieren würde, wenn sie ein Jahr alt sind, gäbe es sicherlich gar keine dieser einfallsreichen Wiederkäuer mehr. Und Schafe und Pferde genauso wenig.

Das ist bei Menschen natürlich anders. Sie leben im Haus, kennen die Risiken von Autos eher als die durch Wölfe. «Außerdem ist es doch schön, wenn die Mama ihr kleines Baby rumträgt und schaukelt», sinniert Paul. Leni bezieht die Gegenposition: «Ich wäre lieber so ein Nestflüchter wie Ziegen. Da hätte ich doch gleich losrennen können.» Sagt's und hüpft über den Bach. Ob die beiden das Gespräch über Nesthocker und Nestflüchter mit ihren Eltern noch einmal führen werden, wenn es Zeit wird, als junge Erwachsene die Bequemlichkeit des häuslichen Menschennests hinter sich zu lassen …?

Einfach MAL SITZEN

Maalin ist die jüngste meiner Hündinnen und voller Energie. In einem Rudel von Morgenmuffeln strotzt sie als Einzige schon gleich nach dem Aufstehen vor Unternehmungslust. Jede, die Augen im Kopf hat, kann ihren Gedankenandrang im hektischen Hin-und-Her-Flitzen zwischen Küche, Bad und Haustür erkennen: Oh, Frauchen guckt schon in Richtung Flurtür. Gleich wird sie Wanderschuhe anziehen. Mein Halsband holen. Die Leinen nehmen. Spielzeug einpacken. Die Haustür öffnen. Und draußen springt mit Sicherheit gerade wieder eines dieser unverschämten Eichhörnchen vom Baumwipfel zum nächsten Ast. Amsel, Drossel, Fink und Star warten auf den Zaunspitzen sitzend nur darauf, dass ich sie zum Fliegen schicke. Die Grundstücksgrenzen sind heute auch noch nicht inspiziert, und wahrscheinlich ist Emma wieder an unser Hoftor geschlendert, um Hallo zu sagen, und wartet nun auf mich … Uff.

Wer kennt das nicht: Gedankenandrang. Unkontrolliertes Fließen von Ideen, Erinnerungen,

Aufforderungen. Wortmeldungen aus der inneren Tafelrunde. Ablenkung vom Hier und Jetzt. Wie schwer, all das zu kanalisieren, abzustellen, sinnvoll zu nutzen. Welch Herausforderung gar für eine kraftstrotzende Vierbeinerin!

Angeblich bleiben ja selbst erwachsene Hunde intellektuell auf dem geistigen Niveau von zwei- bis dreijährigen Kindern stehen – sagen Wissenschaftler, die wirklich alles erforschen. Was kann der zweibeinige Begleiter also außer Rumrennen erwarten, wenn Erwartungsspannung und Vorfreude, Energiestau und Ritualerfüllung nach vielen Stunden nächtlicher Ruhephase ihr Recht fordern?

Maalin weiß nichts von den unzähligen therapeutischen Angeboten für Zweibeiner, die ihrem Gedankenandrang entkommen wollen. Da gibt es homöopathische Globuli, Atemübungen, Yoga-Training, Coaching und Psychotherapie fürs Verhalten oder bis in die Tiefe; es gibt Wahrnehmungstests, sogar Massagen oder Lichttherapie und nicht zuletzt ganz elementar die «Nebenübungen» von Rudolf Steiner für die Charakterschulung.

Die Hündin findet ihre eigene Lösung für das allmorgendliche Problem. Die Chance habe ich ihr offenbar gegeben, weil ich morgens eben noch nicht so handlungsschnell bin, weder Anordnungen erlasse oder Handlungen unterbreche. Wenn die Unruhe im Innern und Äußeren der kleinen Maalin zu groß wird, hilft körperliche Ruhe. Das hat sie ganz allein entdeckt: Sie setzt sich auf ihren Hundepopo und wartet. Manchmal – je nach Erregungszustand – leicht zitternd, aber immer in bester, freiwilliger Selbstkontrolle. Ich bin beeindruckt, ja begeistert, denn da wirkt ja offenbar ein großer Geist mit. Und ich frage mich, ob im Sinne der Umkehrung, der Umstülpung von Zuständen bei geistiger Unruhe in Menschenhirnen vielleicht manches Mal statt der nur bedingt erfolgreich erprobten Lösungsansätze wie Yoga, Meditation oder Couch körperliche Bewegung, ein langer Waldspaziergang, eine intensive Joggingrunde, hemmungsloses Tanzen nicht das heilsamere Rezept wären …

Ich werde es auf jeden Fall mal ausprobieren und mit Maalin besprechen – sie ist ja dabei schließlich meine Lehrerin. Aus dem selbst gewählten «Sitz» blinzelt sie mir wissend zu – oder zuckt ihr Augenlid, weil sie weiß, gleich geht die Morgenrunde endlich los?

Wenn's DAS LEBEN fordert

Frieda und Ole sind 12 und 14. Ihr Alltag ist geprägt von Pflichten, jammern sie allzu oft. Schule, Hausaufgaben, Prüfungsvorbereitungen, Haushaltsjobs, manchmal schlicht «too much». Und dann noch die Tiere. Klar, Hunde, Katzen, Hasen, Hühner, Pferde, Ziegen gehören zur Familie und sind ziemlich beste Freunde. Aber auch die wollen – nein: müssen! – versorgt werden.

Viermal in der Woche kommen die Geschwister mittags als erste nach Hause. Dann ist die Aufgabenverteilung klar. Unabhängig von Wetter, Jahreszeit, Lust und Laune brauchen die Pferde Heu, die Ziegen Wasser, die Hasen ihre Möhre, der Hund Zuwendung und die Katze einen Dosenöffner.

Wie gut, dass Mischlingshund Nico bereits freudig schwanzwedelnd an der Tür steht, um die beiden Heimkehrer zu begrüßen. Das macht er immer – ganz unabhängig von Schulnoten, Markenklamotten, der Trefferquote beim Fußballspiel oder der Bestweite beim Springen. So zaubert er den zweibeinigen «Pubertieren» schon mal ein

Lächeln ins Gesicht. Und dann kommt auch noch Miss Whoopy, die zugelaufene schwarzweiße Katze, schnurrend um die Ecke und streicht Frieda um die Beine. Aus dem Pferdestall blubbern die Haflinger mit prustenden Lippen, die Ziegen drängeln vor dem Gatter und selbst die Hühner gackern aufgeregt am Zaun.

Ole schlüpft gleich in die Gummistiefel, macht den Ziegen den Zugang zur Wiese auf, kontrolliert den Wasserbottich und wirft Nico das Lieblingsspielzeug. Gemeinsam toben sie über die Gartenwege. Frieda schüttelt den Pferden das Heu auf, streichelt über die weichen Nüstern und steckt Muckel und Nuckel zwei Möhren durch den Draht in den Hasen-Auslauf.

Nach 20 Minuten treffen sich Bruder und Schwester mit Nico und Miss Whoopy in der Küche. Die Rücksäcke mit den Hausaufgaben stehen in der Ecke, die großen Pizzateller auf dem Tisch. Aus dem Backofen riecht es schon verführerisch, denn das Mittagessen war vorbereitet. Aber erst verlangt Whoopy nach ihrem Futter. So ein Katzentag besteht schließlich selbst in diesem vielfältigen Tierparadies vor allem aus Schlafen und Fressen.

Apropos Tagesablauf – Struktur und Rhythmus werden in der Familie weitgehend von den Tieren bestimmt. Das ist Sachzwang und sinnvoll zugleich. Deshalb stellen es selbst manchmal ebenso nervige wie genervte Jugendliche nicht infrage. Um Spülmaschine ausräumen und Bad putzen gibt es Diskussionen, Vermeidungsstrategien, Tauschangebote der Dienste. Wegen der Viecher wird nicht gefeilscht.

Warum eigentlich nicht? «Das sind Lebewesen», erklärt Ole leicht irritiert auf diese Frage. «Die brauchen unsere Aufmerksamkeit. Wir sind für sie verantwortlich und müssen sie versorgen, egal ob Matschwetter oder Hitzestau», ergänzt Frieda. Und seufzt augenrollend: «Außerdem ist es einfach gut für meine Stimmung, wenn alle am Heu rumknorbseln oder die Ziegen sich zum Wiederkäuen ganz gechillt hinlegen.» Na damit ist ja alles gesagt – und die Pflicht nicht nur erfüllt, sondern erfüllend.

GENDERN

winkt

Lila ist das Paradebeispiel einer toughen Katze. Gerade mal etwas größer als meine Hand zieht das getigerte Fellknäuel bei uns ein. «Das einzige Mädel im Wurf», hat der Bauer, in dessen Scheune sie auf die Welt gekommen ist, unsere Wahl bestätigt. Also genau die richtige Gefährtin für unsere erwachsene dreifarbige Rosa, eine gestandene Katzenpersönlichkeit im Glücksfarbenlook.

Temperamentvoll, furchtlos, draufgängerisch – Lila erobert unerschrocken unsere Welt. Wenn sie in spielerischer Kampfstimmung ist, ziehe ich mir die Jackenärmel über die Hände und balge unerschrocken trotz nadelspitzer Zähnchen und scharfer Krallen mit dem Kätzchen. Wenn sie hoch im Gebälk Pirouetten dreht, schicke ich anfeuernde Bewunderungsrufe in die Höhe. Wenn sie von Schränken springt, bekommt sie Applaus. Tja, so wird das vierbeinige Mädchen in seiner mutigen Wildheit gefördert – bis zu jenem denkwürdigen Nachmittag, an dem ein guter Freund unser neues Familienmitglied kennenlernt. Er verwandelt das

Spiel mit Lila kurzerhand in eine gynäkologische Untersuchung und blickt mir geradezu triumphierend in die Augen: «Von wegen tolles robustes Katzenweib, hundsgemeiner Machokater.» Lila ist ein Kater! Es lässt sich nicht mehr übersehen. Entsetzen bei der weiblichen Familienmehrheit, ein verstohlenes Grinsen beim Mann im Haus. Eine tierische Krise droht. Erste abstruse Überlegungen zum Umtaufen in Türkis werden jedoch ebenso schnell verworfen wie ein «Umtausch».

Allerdings entziehe ich dem Kater Lila sofort mein weibliches Förderprogramm für ein wildes und gefährliches Leben. Wundere mich über meine Verwirrung, den veränderten Blickwinkel – bin entsetzt über mein eigenes Entsetzen angesichts der nun definitiv geklärten geschlechtlichen Identität. Ab sofort ist Kämpfen tabu, wird abgewehrt, systematisch verhindert, weggeschmust.

Wohliges Schnurren und hingebungsvolles Kuscheln in meinen Arm erfahren nun Bestätigung.

Sichtlich zufrieden drückt der halbstarke Kater Lila sein Köpfchen in meine Hand und zeigt deutlich weniger Lust auf exzessiv abenteuerliche Klettertouren als zuvor. Aus dem toughen Katzenweib wird der Softiekater. Für Lila scheint dieses Programm völlig in Ordnung und passend. Er entwickelt sich zu einem überaus freundlichen, häuslichen und gelassenen Kater.

Was ist nur passiert, was hab' ich bewirkt? Eigentlich hatte sich an den Realitäten doch nichts geändert. Lila war Lila. Dennoch ist alles anders geworden, weil Hoden und Penis unübersehbar wurden. Weil ich mein Traumbild einer toughen Katzenfrau infrage gestellt sah, weil Wildheit und Abenteuerlust beim Männchen «Macho» sind und beim Mädel «tough».

Die Teilung unserer Welt in zwei Sphären – weibliche und männliche – wirkt bis in die Katzenkinderstube. Und lässt sich zementieren. Aber auch drehen, je nach «Förderprogramm» im Umfeld. Ist Lila klug, weil er sich drauf einlässt, beide Erfahrungsfelder (das angeblich weibliche und das dem männlichen zugeordnete) gleichermaßen zu genießen? Ist er genial, weil er so möglichst viele Facetten seiner Persönlichkeit entfalten kann? Braucht rosarot in der Mädchenwelt also auch Motorengeheul und umgekehrt der Junge die Babypuppe mit Windel und Einhornfläschchen? Und der zweibeinige Nachwuchs Kindergärtnerinnen und Grundschullehrerinnen, die mit Arbeitshandschuhen zupacken? Also einfach mal (innerlich) die Seiten wechseln und ausprobieren, was alles geht. Lila hat es gut getan – und mir der Lernprozess übrigens auch.

Wer bewegt wen?

Lara stellt sich schon mal auf, gleich ist Zeit zum Melken und die amtierende Ziegenchefin muss selbstverständlich als Erste drankommen. Und wo Lara steht, da steht sie. Die Klauen in den Boden gestemmt, den Kopf leicht erhoben – Körperspannung von den beweglichen Nasenflügeln bis zum immer mal wedelnden Schwänzchen. Hinter ihr versammelt sich die melkbereite Herde: Luna, Lena, Liesel, Laetitia, Elisa, Else, Erna, Erika. Naja, versammelt trifft es nicht so ganz, denn in Erwartung des Getreideschrots in der Futterraufe herrscht Gedrängel, Geschiebe, Geschubse. Hörner werden gezeigt, Köpfe gedreht, Rippen touchiert. Alle sind in Bewegung, weichen aus, erobern ein paar Zentimeter, rangeln um zweitbeste Platzierungen. Wer so keck ist, an Lara vorbeizuwollen, versteht schnell, was die Chefin sagt. Drohen reicht, schon weicht die Ziege. Die Einzige, die steht, ist wirklich Lara.

Und jetzt kommt Laura. In der einen Hand den Eimer für die Milch, in der anderen den mit dem Futter. Schnell wird die 15-Jährige umringt. Die

Ziegenschar zeigt wenig Respekt, bedrängt die Vertretung der Vertretung im Melkstand. Die Jugendliche übernimmt die Pflicht am Euter, wenn Mutter oder ältere Schwester ausnahmsweise nicht vor Ort sein können. Dabei ist ihr das Melken an sich noch das Liebste, der Weg in den Melkstand jedoch ein wahrer Gräuel. Neun Ziegenweiber mit jeweils zwei stolzen Hörnern wissen um die Furcht des Teenagers. Laura weicht vor der Herde aus und steht fast schon mit dem Rücken am Törchen zum Ziegen-Territorium. 35 Schritte sind es mindestens bis zum Melkstand – unerreichbar erscheint er ihr. Warum nur passiert das der Zickenzonen-Chefin und der Schwester nie? Laura beklagt stumm die Ungerechtigkeit der Welt, die Zornesfalte zwischen den Augenbrauen wird tiefer.

Vor ihrem inneren Auge laufen die Filme der letzten Vertretungseinsätze ab: Einmal haben ihr die Zicken den Futtereimer aus der Hand gerissen – okay, dann waren sie damit beschäftigt, den Getreideschrot zwischen den Grashalmen zu finden und ließen sie in Ruhe. Ein anderes Mal drängelten sich drei auf einmal in den engen Melkstand und stritten um den Platz an der Futterkrippe, während sie sich fast auf die Holzumrandung des Abteils retten musste. Krass war auch der Tag, an dem Erna nach erfolgreichem Melken ihren ganz und gar nicht tiefengereinigten Fuß zielgenau in den Melkeimer mitten in die weiße Pracht stellte. Nicht zu vergessen der gut gefüllte und dann leider umgestoßene Eimer, der den ganzen Aufwand vergeblich gestaltete. Stopp, Schluss mit den Horrorszenarien. (Innerer) Kameraschwenk auf die erfolgreichen Ziegen-Managerinnen. Fokus auf das Erfolgsgeheimnis von Schwester und Mutter. Und Eintauchen in das gute Gefühl, wenn Flicka, die weit gewichtigere Haflingerstute im Vergleich zu diesen dreisten Ziegenfrauen, sich auf ihren Platz verweisen lässt. Sowohl auf der Pferdekoppel als auch in der Zickenzone entscheidet über den Erfolg letztlich die Frage «Wer bewegt wen?»

Lara blinzelt zustimmend, sie kennt dieses Gesetz und praktiziert es mit ihren Herden-Genossinnen perfekt. In Laura wirkt die positive Erinnerung. Darauf lässt sich aufbauen. Die Melkerin des Tages wird kreativ und entschlossen. Schwungvoll schlägt sie die Edelstahleimer gegeneinander und nutzt den akustischen Überraschungseffekt, der die Ziegen auseinanderflitzen lässt, um energisch den ersten, den zweiten, den dritten und jeden weiteren der notwendigen Schritte zum Melkstand zu gehen. Tür zu, durchatmen. Und als davor das Gerangel wieder losgeht, sorgt ein zweiter Knalleffekt für Ruhe. Geht doch! Lernen am Modell funktioniert, die Erfahrung mit 500 Kilo Pferd und das Beispiel der Herdenchefin, die ihre Artgenossinnen weichen lässt, haben den notwendigen positiven Effekt. Jetzt darf Lara rein, springt auf das Podest und steckt den Kopf in die Futterkrippe. So kann es losgehen, das Melken zu Lauras Bedingungen. Und wehe, eine Ziege bewegt sich in die falsche Richtung – da steht Laura!

SCHAU
in meinen

SPIEGEL

Meine Hunde arbeiten in der Forschung. Ihr Spezialgebiet sind die Spiegelneuronen. Klingt sehr wissenschaftlich, kann aber ganz praktisch erfahrbar sein. Vor allem von Menschen, die sich in ihren Hunden lesen lernen.

Ein regnerischer Morgen, ein Tag mit vielen Pflichtaufgaben – gedankenverloren starte ich in den frühen Hundespaziergang. Erst nach 200 Metern weite ich meinen Blick. Wo sind denn eigentlich Maalin und Kaalotta? Gleich am ersten Mauseloch auf der Wiese da hinten sind die beiden Fellnasen hängen geblieben. Sie gehen heute ihre eigenen Wege. Kein Wunder – oder? Beim Blick zurück zu den Hündinnen wird mir bewusst, wie wenig präsent ich gerade war. Kann ich da eine prompte Reaktion auf meine Ansprache von den Vierbeinern erwarten? Und wie geht es wohl Resonanzpartnern auf zwei Beinen in einer ähnlichen Situation?

Auch wenn weder meine Hündinnen noch Neugeborene, Zehnjährige oder manche Seniorinnen jemals etwas über Spiegelneuronen gehört haben, wirkt dieses Resonanzsystem im Gehirn. Wenn Frauchen gedankenverloren sind, stellen auch die Vierbeiner die Verbindung ein. Die wahren Wunderzellen im Nervensystem sorgen nämlich ganz automatisch dafür, dass Lebewesen mit anderen Lebewesen mitschwingen. Die Resonanz funktioniert nicht nur von Mensch zu Mensch, sondern auch von Mensch zu Tier und sicherlich auch umgekehrt. Tiere sind schließlich ebenso mitfühlende Wesen wie wir – das behaupte ich zumnidest aus voller Überzeugung. Wer noch nie eine tröstende Hundezunge gespürt hat, weiß davon vielleicht nichts.

Mir jedoch dürfen meine Hunde schonungslos wie kaum jemand anderes Auskunft über meine eigene Befindlichkeit erteilen. Die beiden lassen sich von meiner Freude, aber auch von meinem Kummer oder Schmerz regelrecht anstecken. Und sie aktivieren durch ihr Verhalten manches Mal erst mein «Wahrnehmungsorgan» für mein eigenes Befinden. Allzu oft bleibt mir nämlich meine Stimmung im Unbewussten.

Spiele ich nur pflichtbewusst und ohne eigenes Vergnügen mit Kaalotta und Maalin, sind auch sie nicht richtig bei der Sache. Ja okay, der Ball wird geholt, aber kein Vergleich zu sonst, wenn ich vor dem Kicken mit breitem Grinsen im Gesicht Spannung aufbaue, ein Täuschungsmanöver einbaue oder juchzend in die Luft springe.

Wie funktioniert so etwas wohl zwischen Lehrenden und Lernenden? Was passiert im Lauf einer Kindheit, eines Lebens mit der Grundausstattung an Spiegelneuronen? Nur wenn dieser Schatz ein Gegenüber hat, kann er sich richtig entfalten. Mein Gegenüber auf vier Beinen wird zum Lieblingsspiegel. Wenn ich mal ganz albern bin und das Prinzip der Spiegelneuronen höchst banal vorführen will, gehe ich auf Augenhöhe mit Maalin und strecke ihr mehrmals hintereinander die Zunge raus. Spätestens beim fünften Mal kommt ihre Hundezunge in meinem Rhythmus aus ihrer Schnauze. Ist sicherlich nicht der ultimative Beweis für Mitgefühl und Intuition – jene Phänomene, die lange Zeit von Naturwissenschaftlern nur belächelt und erst 1996 «rein zufällig» von einer italienischen Forschergruppe um Giacomo Rizzolatti durch die Entdeckung der Spiegelzellen erklärbar wurden –, aber vielleicht der mit dem höchsten Spaßfaktor …

VON wegen muckies

Da gehen sie, die jungen Mädchen, fast schon lässig vom Stall auf die nahe gelegene Koppel. 450 Kilo in einem mächtigen Pferdeleib verpackt, von Julia am Strick geführt. Und da bin ich – auf der Hochebene im Ziegenstall, die schwarzen Knöttel zusammenfegend. Ohne Zögern packe ich den fast erwachsenen Bock Zorbas an den gut sechzig Zentimeter langen Hörnern und ringe ihn nieder. Mindestens 20 Kilo mehr als ich bringt er auf die Waage. Aber unter meinem entschlossenen Gegenhalten schwindet sein Widerstand, erlahmt die physische Kraft, und der Ziegenbock ergibt sich letztlich geradezu demütig. Mitten im Testosteron-Taumel seiner strotzenden Manneskraft, kurz vor dem Beginn der Brunstzeit in der Herde, hat Zorbas versucht, auch mich für seinen Harem zu werben. Wenn ich diese erste Anmache nicht prompt pariere, wird unser Zusammensein beim Misten, Füttern, Klauenschneiden, Weidewechseln problematisch werden.

Tänzelt die Stute Manja vorfreudig auf frisches Gras, zupft Julia kurz und energisch am Führstrick

STÄRKSTER
20 · BOCK · 22

und bringt Spannung in ihren vorher so geschmeidigen Körper. Manja schlenkert zwar leicht unwillig mit dem Kopf, fällt aber in ruhigen Schritt zurück und hält Abstand zur zweibeinigen Chefin.

Gute Erziehung? Jahrhundertelange Domestizierung? Durch Härte gebrochener Wille? Was steckt dahinter, wenn 50 Kilo gegen 70 oder gar 450 Kilo antreten und gewinnen?

Mentale Stärke – voll im Trend ist auch das Wort «mindfulness» – ist omnipräsent, wenn es um die Entwicklung von Führungsqualitäten, um erfolgreiche Prozesse und um Persönlichkeitsentwicklung geht. Die *Karrierebibel* (ja, so etwas gibt es!) listet gleich 13 Indikatoren für diese menschliche Fähigkeit auf. Ich habe sie nicht gelesen. Schließlich vertraue ich auf meine tierischen Lehrmeister und mache im Alltag mit den Vierbeinern wichtige Erfahrungen, um das Potenzial von Körper, Seele und Geist zu entfalten. Wenn das in der Summe dann mentale Stärke bedeutet, nehme ich es doch gerne so auf – und tausche mich mit Pferdemädchen Julia darüber aus, wie wir es auch ganz ohne dicke Muckies schaffen, den Viechern unsere klaren Ansagen zu vermitteln. Wir sind uns sicher, dass Willensstärke, Beharrlichkeit, der Fokus auf die Notwendigkeiten des Augenblicks ebenso entscheidend sind wie das Antizipieren von möglichen Reaktionen und das realistische Einschätzen von Risiken. Wir lernen vom Gegenüber. Wie ist heute die Stimmung im Stall, wer hat schlechte Laune, wer ist auf Krawall gebürstet oder will einen Entwicklungsschritt machen, der dem Ganzen nicht guttut?

Bei Menschen nennen wir das wohl anmaßend, bei Tieren «Zickenkrieg» oder «stutenbissig» oder «Hackordnung». Wer braucht die Ansage überdeutlich, bei wem reicht das Hochziehen meiner Augenbraue? Wie bin ich selbst drauf? Was kann ich mir heute zutrauen und wo wähle ich klugerweise mal einen Schleichweg zum Ziel, wenn ich mir die direkte Auseinandersetzung gerade nicht zutraue? Erfahrung hilft also auch, um mentale Stärke wachsen zu lassen – inklusive des Lernens aus Fehlern. Wie schön, dass Tiere die meist kommentarlos verzeihen. Und nachvollziehbar, dass Managerseminare mit Lamas, Eseln oder Pferden boomen. Schließlich lässt sich dort unmittelbar die Selbstwirksamkeit erleben. Oder würden Sie auf die Idee kommen, ein 900-Kilo-Auto mit mentaler Stärke aufzuhalten, wenn es auf Sie zurollt? Am mindestens ebenso schwergewichtigen Kaltblutpferd können Sie diese Erfahrung durchaus ausprobieren – und das dazugehörige Gefühl mentaler Stärke auf Ihrer inneren Festplatte abspeichern.

ZIEGENGEBURT

neu-
geboren.

Das WUNDER hautnah erleben

Es fließt Blut und schleimig ist das alles auch. Julia und Laura ekeln sich ein bisschen – und bleiben trotzdem im Stall. Emely liegt in den Wehen und signalisiert deutlich, dass sie menschlichen Beistand zu schätzen weiß. Die Ziege bekommt ihr erstes Zicklein. Oder werden es vielleicht zwei, wie häufig bei den kleinen Wiederkäuern?

Und ja, die für eine Geburt nötigen Wehen heißen so, weil es weh tut. Ist eben richtig harte Arbeit, den Nachwuchs durch den engen Geburtskanal zu pressen. Julia sieht die nächste Wehe kommen. Wie Wellen zuckt es über den prall gespannten Ziegenbauch. Laura hält der werdenden Ziegenmutter den Kopf, den das Tier vertrauensvoll auf den Schoß der Jugendlichen gelegt hat. Die weiche Ziegen-Oberlippe stülpt sich im Schmerz nach vorne, ein leises Stöhnen kommt dazu. Am anderen Ende hockt die Mutter der beiden Kinder und unterstützt ihre Lieblingsziege. Schon ist die Fruchtblase zu sehen – und schimmern da nicht ein winziger Huf und die kleine Nase durch? Aufmerksam beobachten Julia und Laura das Geschehen. Zum ersten Mal erleben sie dieses Wunder der Natur. Buchstäblich hautnah dabei, weil die zutrauliche Emely die Nähe ihrer Menschen braucht.

Vor drei Tagen war die Familie morgens in den Stall gekommen und konnte staunend den Nachwuchs von Louise bewundern. Die Zicklein standen noch etwas wackelig auf den Beinen, waren trocken geleckt und eifrig auf der Suche nach dem Euter. Louise hatte sich also für eine Geburt ohne menschliche Beobachtung entschieden und alles bestens geregelt. Ein bisschen enttäuscht waren die Mädchen schon, denn seit Tagen warteten sie auf den ersten Nachwuchs im Stall. Wie gut, dass Emely nun mitten am Tag «lammt».

«Woher weiß die Ziege, was sie in dieser Situation zu tun hat?», überlegen die Schwestern. «Sie hatte doch nie Aufklärungsunterricht», witzelt Julia. Nein, intellektuell geht das Tier an das

Geschehen nun wirklich nicht heran. Ganz im Einklang mit der Natur, mit ihren Instinkten und dem inneren Rhythmus ist sie perfekt auf alles vorbereitet, was nun in einem archaischen Prozess abläuft. Und die Schülerinnen dürfen Zeuge des Wunders sein, das jede Geburt darstellt. Was für ein Geschenk.

Die Wehen kommen in immer kürzeren Abständen, die Fruchtblase ist gerade geplatzt und schon wird das Köpfchen zwischen den Hinterbeinen der Ziege sichtbar. Die hohe Stirn schafft es buchstäblich ans Licht der Welt und die Schultern leisten noch Widerstand. Da, dank energischem Pressen, flutscht das Zicklein durch die Enge. Und schon steht Emely auf, wendet sich ihrem Baby zu, stößt leise Locktöne aus und beleckt das noch schleimige Fell ebenso energisch wie liebevoll. Wie klug, sie fängt an den Nasenlöchern an, damit die Atmung gut in Gang kommen kann. Die Menschen halten Abstand und sind beglückte Zeugen.

Nur wenige Minuten später schon versucht das Neugeborene, auf seine vier Beine zu kommen. «Wow, da steckt aber ein starker Wille dahinter», kommentiert Laura die beharrlichen Versuche, die zunächst regelmäßig im Zusammenbruch enden. Aber auch hier siegt das Naturgesetz. Bald schon steht Emelys Erstgeborenes schwankend und breitbeinig ganz nah beim Muttertier. Instinktsicher sucht es den Bogen von Bauch und Schenkel, um das Euter zu finden und die Zitze ins Mäulchen zu nehmen. Schmatzend signalisiert das Kleine, dass Milch fließt.

Alles bestens, denn auch das wissen die Jung-Züchterinnen Julia und Laura, wenn das Kleine trinkt, bekommt es wertvolle Biestmilch samt wichtiger Abwehrkräfte. Alles, was gebraucht wird, ist vorhanden in der Natur.

Zweisprachig

1 - 3 Jahre

8 Jahre

SCHON 12

Janis entdeckt krabbelnd die Welt. Eines seiner Lieblingsziele ist die Familienhündin Lola. Meistens freut sich das gutmütige Wuscheltier über die Annäherung und über die nicht ganz so zarten Streicheleinheiten. Die Eltern haben ein wachsames Auge auf den entdeckungsfreudigen Nachwuchs. Wenn Lola sich in ihren Korb zurückgezogen hat, stoppen sie Janis, versperren ihm den Weg. Und der knapp Einjährige scheint aufmerksam zuzuhören, wenn sie ihm erklären, dass Lola gerade keine Lust hat, mit ihm zu spielen: «Schau, Lola guckt dich gar nicht an, sie mag jetzt nicht.»

Ob das Kleinkind schon versteht, dass der Blick das erste Signal für eine Kontaktaufnahme sendet? Das konsequente Umleiten seiner Krabbeltour weg vom Hundekorb und die gleichbleibenden Hinweise auf fehlenden Blickkontakt haben jedenfalls Erfolg. Mit zwei Jahren weiß Janis verlässlich, wann seine Hundefreundin ihn gern an ihrer Seite hat und wann er besser Abstand hält. Mit drei bildet er mit der spielfreudigen Hündin das Fußball-Dream-

Team. Wenn Lola die Vorderbeine flach vorstreckt, den vorderen Rücken senkt, den Kopf hebt und den Po in die Luft reckt, übersetzt er allen, die dabei sind, die Botschaft dieser Verbeugung: «Lola will spielen!»

Der Knirps ist gerade vier geworden, als die Erzieherin dem Vater beim Abholen voller Begeisterung ihre Beobachtung mitteilt: «Janis ist der Einzige von unseren Kindern hier, der mich immer intensiv anschaut, seinen Oberkörper in meine Richtung verlagert und mich dann direkt anspricht.» – «Perfekt», schmunzelt der Papa. Er freut sich über die Zweisprachigkeit seines Sohnes. Der hat nämlich von klein auf Körpersprache gelernt, dem Hundeleben sei Dank. So knüpft er an den viel zitierten Spruch des Kommunikationswissenschaftlers und Psychologen Paul Watzlawick an. Prägnant hat der formuliert: «Man kann nicht nicht kommunizieren.» Er hatte dabei zwar Menschen im Blick, aber wer mit Tieren zusammenlebt, weiß längst, dass seine Erkenntnis auch für Lebewesen mit vier Beinen gilt. Denn Kommunikation, so Watzlawick, findet sowohl verbal als auch nonverbal sowie bewusst als auch unbewusst statt. Da sich Lebewesen immer in irgendeiner Weise verhalten, stehen sie stets in Kommunikation. Die Neurobiologie nennt dieses Phänomen inzwischen verkörperte Kommunikation (*embodied communication*).

Solange wir uns zueinander verhalten, senden und empfangen wir Botschaften auf vielerlei Ebenen. Von der verkörperten Kommunikation ist es nicht weit zur Körpersprache. Die sprechen wir alle tagtäglich, häufig allerdings, ohne uns darüber bewusst zu sein. Die meisten Menschen haben verlernt, ihren Körper als Teil vielfältiger Kommunikationsmöglichkeiten einzusetzen. Das wird manchmal schon in der Kindererziehung verhindert: «Sitz doch endlich mal still. Zappel nicht rum. Sprich nicht mit den Händen.» So verhindern wir wichtige Erfahrungen mit dem eigenen Körper und seinen Wirkungen bei der Verständigung mit anderen. Und weil unsere Kommunikation inzwischen so stark auf Digitalisierung ausgerichtet ist, setzen wir allzu oft allein auf Sprache. Mimik, Gesten und Körperbewegung bleiben auf der Strecke. Aber Körpersprache geht nun mal nur analog – und findet auch ungewollt statt. Wir alle drücken uns zu mehr als zwei Dritteln körpersprachlich aus. Wir erfassen und beurteilen unser Gegenüber in Sekundenschnelle über seinen körperlichen Ausdruck und über das, was wir Ausstrahlung nennen.

Janis ist inzwischen zwölf und weil er neben seinem wachsenden Wortschatz stets auch die Ursprache aller Lebewesen, die Körpersprache, verfeinert hat, kann er sie nicht zuletzt via Hundebeobachtung bestens dechiffrieren. In Hundegruppen hat er gesehen, wie ein langer Blick mit Aufrichtung und leicht nach vorne geneigter Haltung beim tierischen Gegenüber Flucht, Angriff, ein Erstarren oder eine spielerische Antwort auslösen kann. Ist das auf den Spielplätzen der Menschenkinder noch erlebbar? Sollen da nicht schon die Zweijährigen argumentieren? Janis kultiviert seine Körpersprache. Sie wirkt, wenn er sich auf dem Schulhof mit dem Oberkörper leicht in Richtung eines Kontrahenten verlagert, sich Raum nimmt und sein Terrain mit Blicken «markiert», ganz ähnlich dem, was Lola und all die anderen Hunde tagtäglich praktizieren. Der sozialen Gemeinschaft tut das gut, dieses wortlose Verstehen.

KiRA

coacht

Heute mal nicht das alltägliche Halsband holen, sondern das schwarz-gelbe Geschirr. Dann weiß Kira, die Hütehündin mit den vielen Talenten, dass «Arbeit» angesagt ist. Sie freut sich sichtbar darauf, als Coach zu agieren und Menschen auf die Sprünge zu helfen. Sprünge sind nicht wortwörtlich gemeint, auch wenn die im Rahmen der gemeinsamen Aktivitäten zwischen Hunde-Coach und Klient durchaus eine Rolle spielen können. Es geht um Gedankensprünge – der wesentliche Effekt, wenn Zweibeiner das Wuscheltier über Hürden oder durch Reifen springen lassen sollen. Dabei zeigt sich schnell, wem die Entschlossenheit fehlt, seinen Plan durchzusetzen, wer sich leicht ablenken lässt oder durch gaaaanz liebe Blicke zu manipulieren ist. Julian ist neun und Hunde-Bauchkraulen kann er richtig gut. Dabei geht's ihm gut, aber in der Schule hat er großen Kummer. Schon zum zweiten Mal will der Junge die Klasse wechseln, er fühlt sich gemobbt. Mal sehen, was Kira für ihn tun kann. Apropos tun, dazu ist der Kleine gleich bereit.

Kegel, große Joghurtbecher, eine Tüte Leckerli, Tunnel, Reifen und Hürden hat er schon entdeckt. Sehr deutlich spricht er die Hündin an: «Kira, sitz!» Brav senkt sich der Hundepo ins Gras. Hat er gar nicht gesehen, wie prompt das Tier reagiert hat? Julian verteilt ein paar Leckerli in den Joghurtbechern und versteckt sie im Garten. Erst auf Julians Kommando darf Kira mit der Suche beginnen. Echt streng, der Knirps. Energisch verweist er das Felltier auf die Decke, baut geschäftig einen Parcours aus Tunnel, Reifen und Hürden. Kommentarlos nimmt er Kira an die Leine und startet den Hindernislauf. Und kaum im Ziel hat der Drittklässler bereits die nächste Herausforderung im Sinn. Aus den Kegeln baut er einen Slalom und da soll Kira durch. Der Hündin reicht's jetzt offenbar. Gemeinsam spielen und Spaß haben stellt sie sich anders vor. Den tierischen Widerstand ignoriert Julian, der fast schon rücksichtslos an der Leine zerrt. Der Junge kennt kein Erbarmen, der Slalom wird erledigt.

Im Kontakt mit dem Hunde-Coach wird deutlich: Julian ist kreativ, hat viele Ideen, will die um jeden Preis durchsetzen und nimmt sein Gegenüber gar nicht richtig wahr. Hat er überhaupt schon mal überlegt, wie Kira sich fühlt, wenn er so rumkommandiert? Sie zeigt es ihm, obwohl er ihr jetzt ihre absolute Lieblingsübung anbietet. Normalerweise fühlt sie sich unübersehbar als Star, wenn Menschen mit Achtsamkeit und Motivationskunst sie dazu bringen, mit jeder Pfote auf einem umgedrehten Joghurteimerchen zu stehen. Heute wird das nix. Kira bleibt liegen, schaut demonstrativ weg und weicht Julian sogar aus, als er mit der Leine näher kommt. Der müht sich jetzt so richtig ab, um dennoch eine Vorderpfote hochzuheben und auf dem ersten Eimer zu platzieren. Lässt er diese Pfote los, um die nächste zu fassen, steigt Kira vom Eimer. Verzweifelt fragt der Knabe nach gefühlt 20 Versuchen: «Warum macht Kira nicht mehr mit?» Na warum wohl nicht? «Hat sie keine Lust mehr mit mir zu spielen?» Sind das Tränen, die in seinen Augen schimmern? «Das ist ja wie in der Schule, nie wollen die Kinder machen, was ich sage.» Liegt da sein Problem? Zaghaft hockt sich der Junge neben die Hündin, streichelt ihren Kopf. Leise fragt er: «Willst du mit mir spielen?» Das klingt echt, jetzt nimmt er sein Gegenüber auf vier Pfoten wirklich wahr. Schwanzwedelnd und mit einer kleinen

Verbeugung fordert ihn Kira zum Wettlauf auf. So macht's beiden Spaß. Julian strahlt – und bedankt sich herzlich bei Kira für dieses Angebot. Zum Abschied gibt es nochmal eine Runde Bauchstreicheln und die höfliche Frage: «Darf ich bald wieder mit Kira spielen?» Ob er dann wohl von gemeinsamen Spielaktivitäten mit Schulkumpels berichten kann?

FÜHRUNG mit STIL

Chefin sein kann einsam machen. Emely hat keine Freundin. Sie hat Aufgaben: wachsam sein, die Richtung vorgeben, Ziele setzen, Jobs verteilen, Konflikte lösen. Das ist anstrengend – vor allem, wenn die Führungskraft so tickt wie Emely.

Meine allererste Ziege, mit der ich nicht nur das Melken lernen konnte, hat sich von Anfang an für einen «autokratischen Führungsstil» entschieden. Max Weber mit seinen «Typen der Herrschaft» hat sie sicherlich nicht gelesen, aber sie weiß, wie sie ihre Zicken dirigieren will: in uneingeschränkter Alleinherrschaft, streng hierarchisch, mit höchster Disziplin und ohne Mitbestimmung. Es zählt nur der unbedingte Gehorsam, sonst bricht ja wohlmöglich das Ziegen-Chaos aus. Kein Wunder, wenn Erna und Else, Luna und Lara und all die anderen auf Distanz bleiben und nach Schlupflöchern suchen, um ihre eigenen Ideen umzusetzen.

Emelys Position war jahrelang unumstößlich klar. Sie war die unangefochtene Chefin der Herde, bestimmte die Ordnung, setzte die Regeln auch durch, wenn's drauf ankam. Selbst die Hütehunde schauten beschämt zu Boden, wenn sie mal kurz den Kopf senkte und ihre prächtigen Hörner zeigte. Souverän stand die Schwarzbraune Thüringer Waldziege an der Spitze, beobachtete alle und alles, regelte, wann wer wo hingehen durfte, war die Erste am Trog, am Wasser, an der Raufe und natürlich auch beim Melken. Als ihre einzige «Freundin» auf zwei Beinen beobachte ich mit Wehmut, wie im Alter bei zunehmender Schwäche Emelys Entthronung droht.

Seit Monaten hat Lara versucht, die Alte von der Spitze zu verdrängen. Kopf an Kopf stehen sie sich gegenüber, die Hörner knallen aufeinander, immer häufiger muss Emely sich zurückdrängen lassen. Lara ist jung, schön, stark – und sie hat Ausstrahlung. Und weil Else sich mit Lara verbündet, wird es für Emely noch schwerer im Machtkampf zu bestehen. Sie muss den ersten Platz räumen, sich weiter hinten einsortieren und wirklich jeder anderen Ziege im Stall erklären, dass sie nicht auch noch an ihr vorbeiziehen kann. Harte Zeiten für die gestürzte Königin der Zickenzone.

Aber nicht nur die Rollenverteilung ändert sich. Emely versteht die Welt nicht mehr, und schon

gar nicht, dass Lara ihr Freundschaft anbietet. Die neue Chefin ist freundlich zu allen, sogar zur Vorgängerin, nachdem der Wechsel klar ist. Es dauert Wochen, bis Emely erkennt, wie stressfrei es ist, im Windschatten von Lara ans Heu und sogar an den Trog mit Getreideschrot zu gelangen. Ich sehe die alte Ziegendame geradezu den Kopf schütteln über den neuen Führungsstil. «Dass es so etwas gibt», scheint sie zu denken.

Und Lara akzeptiert Else fast als gleichberechtigte Mit-Chefin. Wenn's Stress gibt unter den Zicken, gehen beide dazwischen und klären den Streit, drängen die Kämpfenden auseinander und sorgen rasch für Ruhe. Nur wenn Else sich überschätzt und Lara mal kurz die Hörner zeigen will, baut die sich energisch auf und weist Else in die Schranken. Ohne große Anstrengung, ohne Getöse. Ob das die Ausstrahlung ist? Jedenfalls ziehen die Ziegen in geschlossener Formation über die Weide, liegen in passender Individualdistanz auf den Hochebenen im Stall zusammen, entspannen gemeinsam beim rhythmischen Wiederkäuen und genießen die Freiheit, auch mal allein auf Streifzug gehen zu dürfen. Niemand ist mehr einsam, alle agieren gemeinsam.

Auf jeden Fall wirkt dieser kooperative Ansatz deutlich weniger anstrengend als Emelys Solo-Nummer. Nennt sich ja auch «charismatischer Führungsstil». Gilt als das Modell der Zukunft. Hoffentlich nicht nur in der Zickenzone.

Große
SPRÜNGE

mehr MUT

Ist sie innerhalb weniger Stunden gewachsen? Meine Tochter kommt von der Reitstunde zurück und scheint größer geworden zu sein. Irritiert frage ich mich, wie das sein kann. Geputzt, gesattelt, im Schritt warm geritten, getrabt, galoppiert, den Springparcours absolviert – *same procedure as every week*. Und dennoch ist offenbar etwas ganz anders gewesen als vor acht Tagen. Auskunftsfreudig ist sie nicht, die 13-Jährige. «War gut», lautet der knappe Kommentar auf meine Fragen. Damit muss eine Mutter von «Pubertieren» eben zufrieden sein.

In den nächsten Tagen zeigt sich die neue Größe auf ganz unterschiedliche Art. Dinge, die sonst eher zögerlich angegangen wurden, weil die Herausforderung zu groß und das Zutrauen zu klein schienen, sind offenbar über Nacht möglich geworden. Für den Trip in die nicht gerade um die Ecke liegende Großstadt wird der Termin mit der besten Freundin ohne langes Hin und Her vereinbart, das Bahnticket gebucht und der Shopping-Plan für die neuen Schuhe voller Optimismus geschmiedet. Und, das allerschwierigste im bisherigen Leben der Heranwachsenden, der Friseurbesuch, endet mit einem frech-ungewöhnlichen Haarschnitt.

Bei der nächsten Springstunde bin ich Zaungast. Einfach rein zufällig vorbeigeradelt und natürlich stehen geblieben. Pferd und Reiterin sind hoch konzentriert, der Reitlehrer ehrgeizig wie immer. Oder sogar noch ein bisschen mehr als gewohnt? Die Sprünge auf dem Reitplatz erscheinen mir höher als sonst. Flicka, die weltbeste aller Haflingerstuten, ist mit ausgeprägter Springfreude gesegnet. Nur der Wassergraben ist nicht ihr Freund. Auf alle anderen Hindernisse zieht sie energisch zu, nimmt wie selbstverständlich Steilsprung oder Oxer. Dabei ist die Blonde aus Tirol gerade mal 1,43 Meter groß, Stockmaß nennen das die Pferdeexperten.

Bisher hatte ich meine schützende Mutterhand sowohl über Tochter als auch über das Pony gehalten und mit dem Reitlehrer geklärt, dass es im Interesse von Mädel und Pferd ist, wenn die Sprünge schön niedrig bleiben. Ganz genau konnte ich vorrechnen, welche Tonnen an Gewicht auf den zarten Hufen des Tieres beim Aufsprung landen und wie ungesund das alles ist. Mit diesen wissenschaftlichen Belegen ließen sich meine kleinen Herz-schlag-Aussetzer wunderbar kaschieren, wenn das zwei- und vierbeinige Duo die Hindernisse ansteuerte. Ja, ich bin mit viel Fantasie ausgestattet und die liefert mir leider auch ab und zu wahre Horror-Szenarien – aus dem Sattel fliegende Kinderkörper, stürzende Pferdeleiber …

Lange Zeit hatte ich das sichere Gefühl, damit auch ganz im Interesse meiner Tochter zu intervenieren, denn sie ist ebenso mitfühlend wie vorsichtig. Ihr Mitgefühl galt – und gilt noch immer – dem Pferd, das auf keinen Fall überlastet werden darf. Ihre Vorsicht passte optimal zu einer gewissen Portion Ängstlichkeit, die meine Erstgeborene begleitet. Oder war da eher die mütterliche Sorge die Begleiterin?

Jedenfalls hat das Kind jetzt einen großen Sprung gemacht – im wahrsten Sinne des Wortes und auch im übertragenen. Vor meinen Augen hebt Flicka ab, energisch am Schenkel und am Zügel geleitet von meiner Tochter. Beide fliegen über das 1,50 Meter hohe Hindernis und strahlen um die Wette. «Flicka hat sich das zugetraut, das hab ich genau gespürt», klärt mich meine Tochter auf, nachdem sie mich am Zaun entdeckt hat. «Warum sollte ich sie dann davon abhalten?» Tja, das muss ich mich wohl auch fragen und lerne aus dem großen Sprung sicherlich genauso viel wie meine nun gar nicht mehr zaghafte 13-Jährige. Sie kann es prägnant und mit einem Augenzwinkern formulieren: «Wenn Flicka höher springen kann als sie selber groß ist, werde ich doch wohl genug Mut haben für eine neue Frisur.»

GUT dosiert

Kevin ist 15 und weiß nicht wohin mit seiner Kraft. Wenn er wütend wird, schlägt er auf dem Schulhof auch mal zu. Das geht dann übel aus für den anderen. Einige Male musste schon die Polizei anrücken. Der Schulsozialdienst gibt sein Bestes, aber Impulskontrolle und Prügelalternativen fehlen dem Jugendlichen immer noch. Auch für das im Frühling anstehende Praktikum hat der Schüler keine Idee. Sein Lehrer ist ratlos und genervt. Wie gut, dass Kevins individueller Begleiter weiß, wie tierlieb der Junge ist. Seinem Schäferhund zuhause vertraut der Halbstarke sicherlich mehr an als Eltern, Pädagogen und sogar Kumpels.

Da ist die Idee mit dem Ziegenhof ganz passend – und nach einem intensiven Vorstellungsgespräch ist er tatsächlich für ein zweiwöchiges Schulpraktikum willkommen. Hier kann Kevin anpacken. Misten, Schubkarren schieben, Heuballen wuchten, Zäune reparieren. Jeden Morgen ist er pünktlich, gut gelaunt und motiviert. Die Tiere in der Zickenzone nehmen bereitwillig Kontakt zu ihm auf. Er behandelt sie respektvoll, zeigt sich als aufmerksamer Beobachter und freut sich, wenn Leitziege Emely ihn zum Kraulen auffordert oder Hütehündin Lea ihm ihr Lieblingsspielzeug vor die Füße legt. In der Mittagspause macht es sich Kater Findus auf Kevins Schoß wohlig schnurrend bequem. Vergessen ist all der Schulstress, der Zoff mit Klassenkameraden und das Abblitzen bei den Mädchen. Hier auf dem kleinen überschaubaren Bauernhof fühlt sich Kevin zuhause. Schön zu sehen, welche Qualitäten der 15-Jährige entfaltet.

Heute allerdings wird es kritisch. Die zweibeinige Chefin in der Zickenzone fordert Kevin zum Melken auf. Beobachtet hat er diese Arbeit bereits ein paar Tage – und wohl auch heimlich bewundert, wie rhythmisches Drücken und reguliertes Ziehen die Milch fließen lässt. Aber selbst Hand anlegen an die Zitzen – nein danke. Er weigert sich hartnäckig, überhaupt ans Euter zu packen. Die Frage nach dem Warum lässt ihn verstummen.

Erst ebenso beharrliches wie geduldiges Vorfühlen baut die Brücke. Kevin hat Angst, seine Kraft nicht kontrollieren zu können und den Ziegen weh zu tun. Aha, Mitgefühl und reflektierte Selbsteinschätzung zeigen sich. Es entsteht ein Gespräch über Wut, Aggression und die richtige Dosis Krafteinsatz. Und Lena ist die gechillteste Zicke weltweit. Solange etwas Kraftfutter im Trog ist, bleibt sie gerne auf dem Melk-Podest stehen.

Kevin erfühlt zaghaft mit den Fingerspitzen Lenas pralles Euter. Er staunt, wie fest die beiden Hälften sind, spürt feine Unterschiede zwischen linker und rechter Seite, nimmt eine Zitze vorsichtig zwischen seine Fingerspitzen. Lachend machen wir Trockenübungen, bewegen Daumen und Finger, öffnen und schließen die Faust. Die Spannung löst sich und Kevin ist bereit zum ersten Melkeinsatz. Viel zu zaghaft geht er ran, natürlich kommt kein klitzekleiner Spritzer aus dem Strichkanal, wie dieses Wunderwerk der Natur heißt. Mit tiefen Atemzügen begleitet die Chefin seine Versuche, gibt den Rhythmus vor und der Junge folgt. Er steigert behutsam den Kraftaufwand seiner Hand und strahlt, als der erste Milchstrahl in den Eimer spritzt. Welch beeindruckende Erfahrung. Ob sie sich auf andere Kontakte übertragen lässt? Abwarten.

Gut
BEFLÜGELT

Clara ist fast schon sechs. Meistens geht es ihr gut, aber manchmal hat sie es richtig schwer. So wie heute. Kein Lächeln im Gesicht, als sie aus der Kita kommt. Eine steile Falte zwischen den Augenbrauen verheißt nichts Gutes. Alle Frageversuche nach der Ursache des Ärgers scheitern. Keinen Hunger, keinen Durst, keine Lust zum Spielen. Selbst Buchlesen und Kuscheln sind nicht das passende, spannungslösende Angebot.

Wie gut, dass der Hühnerstall nicht weit weg ist. Noch etwas missmutig trottet das Mädchen über den Hof. Ruhig nähert sie sich der dicken Bertha. Die sitzt in der Ecke, nein, sie thront da. Auf einem dicken Strohpolster hat sie es sich bequem gemacht. Die flinken Hühneraugen haben Clara schon entdeckt und glucksende Töne heißen die Kleine willkommen. Oder ist es die deutliche Ansprache an Berthas Küken, jetzt bloß nicht unter den Flügeln vorzukommen? Sechs flaumige Federbällchen auf streichholzdünnen Beinen sind nach 21 langen Tagen aus den Eiern geschlüpft. Schon während der langweiligen Brüterei hat Clara ihrer Bertha immer wieder Gesellschaft geleistet. Ist ja schließlich ihre Lieblingshenne. Die mag es, wenn Claras Zeigefinger sie zart unter dem Schnabel streichelt. Selbst jetzt, wo der Nachwuchs erhöhte Verteidigungsbereitschaft auslöst, ist die Fünfjährige gern gesehener Gast im Hühnerstall. Mit dem Rücken an der Wand rutscht Clara auf den Stallboden, setzt sich neben die Glucke und seufzt tief. Bertha guckt nur.

Langsam steckt Clara ihre kleine Faust unter den Flügel ihrer Hühnerfreundin. Ein bisschen Küken sein, gut beflügelt sozusagen. Im Behüten von Küken und Mädchenfäusten sind Glucken einfach genial. Nicht nur Berthas Hühneraugenlider gehen auf Halbmast, auch Clara scheint in einen angenehmen Dösen-Zustand zu geraten. Wortlos kommunizieren Huhn und Kind, wohlig warm gehalten unter dem Gluckenflügel in enger Nachbarschaft zu den wenigen Gramm leichten Hühnerkindern.

Außer regelmäßigen leisen Glucksern aus der Hühnerbrust ist minutenlang nichts aus dem Stall zu hören. Doch, jetzt pustet Clara mit bebenden Lippen ein offenbar in ihren ureigensten Tiefen angesammeltes Ungemach aus. Bertha hebt den Kopf, ist gleich hellwach. Sie bleibt ebenso sprach- wie reglos. Claras Händchen kommt langsam unter dem Flügel hervor. Liebevoll streichelt der kleine Finger die Henne unter dem spitzen Schnabel.

Nach 10 Minuten hüpft eine fröhliche Clara aus dem Hühnerstall über den Hof zurück ins Haus. «Ich hab Hunger», strahlt sie ihren Papa an, der gerade das Abendessen vorbereitet. Als der etwas fragend guckt, bekommt er sogar eine unerwartete Antwort: «Bertha findet Leon auch blöd.» Wie gut, dass dies so ganz wortlos geklärt werden konnte und einem entspannten Familienabend nichts mehr im Wege steht. Danke, dicke Bertha.

HANDLUNGSSCHNELL

Handlungsschnell sollen sie sein, die Kicker auf dem Platz, die Kolleginnen im Team, die Väter auf dem Spielplatz, die Frauen im Multi-Tasking-Takt. Doch was braucht's, damit Mädchen und Jungen diese viel verlangte Qualität entwickeln können? Sportwissenschaft und Trainingslehre, Psychologie und Pädagogik sind gespickt mit ausdifferenzierten Spielchen und konstruierten Tipps. Dabei könnte es ganz einfach sein: Wer als Heranwachsender, ob Junge oder Mädchen, mit Tieren lebt, trainiert diese sogenannten «Soft Skills», denn sie können als knallharte Herausforderung buchstäblich lebensrettend sein.

Ein durchdringender Schrei zerreißt die idyllische Stille. Julia springt auf, lässt alles stehen und liegen auf ihrem Schreibtisch und sprintet über die Weide am Haus. Ganz hinten im Zaun zappelt ein Zicklein. Neugierig hatte es den Kopf durch das Netz gesteckt, denn bekanntlich sind genau die Gräser und Blättchen hinter dem Zaun am allerleckersten. Leider hat der Weidezaun darauf keinerlei

Rücksicht genommen und seine taktreinen Stromstöße ausgesandt. Oh weh, beim panischen Versuch, den Kopf aus der Schlinge zu ziehen, haben sich die Schnüre verdreht und es gibt kein Entkommen. Handlungsschnell überschaut die 14-Jährige die Lage und schlägt einen Haken, um zunächst das Stromgerät auszuschalten. Dann zurück zum Ziegenkind, das schon leicht in Atemnot geraten ist. Woher nimmt das schmale Mädchen nur die Kraft, den zappelnden Körper des Zickleins zu halten? Woher die Ruhe, gleichzeitig das Weidenetz über Kopf und Hörnern zu enthedern? Die Ziege ebenso geschickt wie entschlossen zwischen den Waden eingeklemmt, gelingt Julia die Befreiung. Uff, das war knapp.

Für das Zicklein ist gleich alles vergessen, munter tobt es zurück zur Herde. Kapriolen und Bocksprünge dienen bestimmt dem Stressabbau und signalisieren wiedergewonnene Lebensfreude. Julia bekommt weiche Knie und muss sich erst einmal ins Gras setzen. Sie schüttelt den Kopf und fragt sich, was gerade alles passiert ist.

Lange nachdenken, einen Plan schmieden, Hilfe holen – all das wäre im wahrsten Sinne des Wortes lebensgefährlich gewesen. Handlungsschnell zu sein – schnell zu handeln – war alternativlos. Dabei auch Ruhe zu bewahren und auszustrahlen sowie Entschlossenheit zu zeigen sind weitere Faktoren für die erfolgreiche Rettung. «Ich wusste, das muss einfach klappen», erzählt sie später am Abendbrottisch.

Wer von klein auf dabei ist, wenn die Mutter die Herde beobachtet, Verhalten vorausahnt und einschreitet, wo immer nötig, um Gefahren zu minimieren oder Stress zu verhindern, wird sich wahrscheinlich früh am Vorbild orientieren. Wer eingebunden ist in alltägliche Abläufe, Fürsorge und Verantwortung, wächst in diese Aufgaben hinein und füllt sie mit Stolz aus. Am stärksten wirken jedoch die Liebe zu den anvertrauten Tieren und die Verbundenheit mit der Natur. Oder? Julia denkt nach und meint mit einem Schmunzeln: «Jetzt weiß ich, was wirklich alternativlos ist.» Die Erfahrung, sich so auf ihren Körper und ihren Geist verlassen zu können, ist wertvoll für die 14-Jährige. Geht sie heute nicht sogar ein bisschen aufrechter durch die Küche?

Und für die junge Ziege mit dem Entdeckergeist ist es noch mal gut ausgegangen. Der Lerneffekt zeigt sich prompt. Nur noch gaaaaannz vorsichtig kommt sie dem Weidezaunnetz nahe, streckt zaghaft den Kopf in Richtung der Schnüre und überlegt sich sehr genau, ob die Kräutlein hinter der heimischen Weide wirklich so verlockend sind. Lieber nicht. Das Leben ist eben doch die beste Lehrerin – für Mensch und Tier gleichermaßen.

Wahre Liebe

Bello wälzt sich bevorzugt in Fuchslosung. Mieze spuckt die nur halb verdaute Maus auf den Teppich. Das edle Ross Zimtstern weigert sich seit Jahren am Müllcontainer in der Ecke vorbeizugehen und zwingt so zu kreativen Umwegen …

Selbst wenn sie mich ansabbern, mit Schlammpfoten anspringen, selbst wenn die fein selektierte Gallenblase einer Maus unter meinen nackten Füßen zerplatzt, die gerade gut gefüllte Schubkarre mit Pferdeäpfeln umgeworfen wird, Zecken, Milben oder Würmer den Alltag begleiten – all das hat keine Folgen für die Beziehung zum lieben Vieh. Macken, Schwächen, Eigensinn stellen die Verbindung nicht infrage. Es bleibt folgenlos, dieses tierische Verhalten. Dagegen sind geöffnete Zahnpastatuben, rumfliegende Socken, vergessene Ehrentage und Sofapupse wirkliche Todsünden. Beim vierbeinigen Familienmitglied löst das eigentlich unerfreuliche Verhalten weder penetrante Umerziehungsversuche noch tagelanges Anschweigen, keinen Liebesentzug, kein Ausheulen bei der besten

Freundin und schon gar keine Trennungsbeschwörungen aus. Bei Hund, Katze, Pferd bleibt Frau ganz offenbar im Stadium der Verliebtheit stecken, sieht alles rosarot und kann sogar absolutes No-go-Benehmen weglächeln. Oder wirkt hier statt blinder Verliebtheit das philosophisch tief durchdrungene Konzept der bedingungslosen Liebe?

Viele halten genau die für die einzig wahre Liebe. Pessimistinnen und Pessimisten hingegen meinen, sie sei unmöglich. Bei den alten Griechen knüpft *Agape* an diese bedingungslose Liebe an. Agape-Liebe steht für die Wahlmöglichkeit – für eine Entscheidung zur Liebe. Die ist dann ganz unabhängig von Umständen, Handlungen, Verhalten, kennt weder Erwartungen noch Enttäuschungen. Und sie ist unauflösbar.

Hört sich gut an, meinen Kira, die Hundekönigin, und Heidi, die Katzenprinzessin. Für sie ist es wohl selbstverständlich, so akzeptiert zu werden wie sie sind. Machen sie mit uns Menschen ja auch – alles geben, nichts verlangen, immer in Verbindung bleiben. Manchmal haben feine Beobachterinnen sogar das Gefühl, je weniger ein Hundemensch «liefert», desto größer scheint die Bindung des Tieres an den

Zweibeiner. Aber das ist ein anderes Thema. Unsere Haustiere erkennen wohl – feinspürig wie sie sind – den wahren Kern ihres Menschen, unabhängig von Fehlern oder Scheitern.

Sind wir uns deshalb der Liebe unserer Tiere absolut sicher? Schließlich stehen sie schwanzwedelnd an der Haustür, wenn wir heimkommen, egal, ob unser Tag erfolgreich war oder nicht. Sie schenken uns ihre Agape-Liebe einfach so – ohne Bedingungen, mit großer Loyalität und Treue. Und weil wir dafür – häufig sogar unbewusst – zutiefst dankbar sind, kommt unser Hormonhaushalt richtig auf Touren. Ja, Studien haben gezeigt, dass allein das Fühlen von Dankbarkeit eine große Ausschüttung von Oxytocin zur Folge hat. Und Oxytocin ist nun mal *das* Liebeshormon.

Also ist bedingungslose Liebe kein Fall von rosarot verblendeten Gefühlen, sondern das einzig Wahre. Daher: weiter an den Tieren üben und einen emotionalen Transfer auf den zweibeinigen Gefährten oder die zweibeinige Gefährtin versuchen. Und Liebe schenken – bedingungslos. Ganz wie Kira, Bello, Zimtstern, Mieze, Heidi und all die anderen.

IN Würde
ALTERN

Ich bin jetzt in der Altenpflege beschäftigt. Ist ja eine Branche mit großen Perspektiven – und wachsender Wertschätzung, allerdings bei schlechter Bezahlung. Mein Vorteil: Meine Klientel hat Schnauzen, vier Pfoten und lebt eingebettet in ein Mehrgenerationenprojekt. Das steigert den Lerneffekt deutlich und birgt gesamtgesellschaftlich enormes Potenzial. Beteiligt sind als Jungspund Maalin, dazu ihre Mutter Kaalotta als Vertreterin der mittleren Hundegeneration und Kira, die Seniorin – sowie ich als Pflegepersonal auf zwei Beinen.

Kira ist in Menschenjahre umgerechnet inzwischen etwa 80 Jahre alt. Sie besteht darauf, morgens die Spazierrunde mitzugehen. Steht selbstverständlich an der Tür und blickt erwartungsvoll zu mir hoch. Also bestimmt die Älteste das Tempo. Kaalotta passt sich dem Schlendergang bereitwillig an, Maalin wird mit Spielchen auf Trab gehalten – dem kurzen Spazierweg werden auf diese Weise mehr Meter verliehen. Wenn es interessant wird, orientieren sich Tochter und Enkelin immer noch an der betagten Chefin. Ein gespitztes Ohr, ein aufmerksam ausgerichteter Blick und beide scharen sich prompt um die Erfahrenste. Tobt ein Welpe auf das Rudel zu, geht Kira voran und vermittelt allein durch ihre Ausstrahlung Ruhe. Das aufgeregte Hopsen wird eingestellt und der neue Nachbar gebührend begrüßt – sprich: gründlich beschnuppert. Demütig lässt das Hundebaby die Prozedur über sich ergehen. Maalin erlebt so etwas zum ersten Mal und beobachtet ihre Großmutter aufmerksam. Als Kira genug über den Welpen erfahren hat, darf die Jüngste auch mal hingehen. Zu süß, wie Maalin versucht, den stolzen Gang der Omi nachzuahmen. Ganz glaubwürdig gelingt ihr die souveräne Ausstrahlung allerdings noch nicht. Der Welpe braucht von ihr ein kurzes Drohen, und erst dann lässt er vom Rumgefiddel ab. Unbezahlbar, was Maalin in dieser Situation von der Seniorin gelernt hat. Dafür lohnt jeder Zeitlupen-Spaziergang.

Letzte Woche gab es ein paar schwere Tage für die alte Hundedame. Kira schwächelte und blieb morgens im Hundebett. In ganzen Sätzen erklärte ich ihr, dass wir anderen bald zurückkämen und dann bei ihr seien. Ihr Blick versprach: kein Problem, ist heute besser so für mich. Bei der Rückkehr von der diesmal flotten Hunderunde lag sie immer noch gut eingemummelt da.

Die Atmosphäre in unserem Esszimmer erinnerte fast schon an ein Hospiz: warmes Licht von der Salzkristall-Lampe. Ruhige Musik. Viel Zeit zum Beieinandersein und Streicheln. Aufmerksames Beobachten, wann Hilfe zum Aufstehen und Rausgehen für ein wackeliges Pippimachen nötig ist. Alles Mögliche und Unmögliche in kleinen Häppchen

old lady

zum Essen anbieten. Zunge und Lefzen befeuchten, immer mal wieder beim Umlegen unterstützen.

Aber heute stehen die Zeichen auf Besserung, und Kira entscheidet, morgens wieder mitzugehen. Meine Freude ist groß, und auch Kaalotta und Maalin fühlen sich kompletter mit Kira an ihrer Seite. Langsam geht es voran, heute nur auf ebenen Wegen, kein Hügel darf das Laufen erschweren. Kira wedelt und schaut sich freudig um. Im Überschwang meiner Gefühle halte ich ihr ein Leckerli vor die Schnauze. Diesen Blick werde ich nie vergessen: Empörung gepaart mit Enttäuschung und einer Prise Unverständnis. Leckerli gibt es sonst bei uns unterwegs nur verbunden mit irgendwelchen albernen Spielchen, Tricks oder als Versteck-und Such-Impuls. Beschämt sortiere ich mich und animiere Kira mit Leckerchen zu einem langsamen Dreh um die eigene Achse. Jetzt nimmt die stolze Hündin die Belohnung gerne an. Hab' ich mich getäuscht oder hat sie mir zugeblinzelt? Ganz bewusst stoppe ich das in mir aufsteigende Bild von ewig an leeren Esstischen geparkten Seniorinnen und Senioren, die in Pflegeheimen auf ihr Mittagessen warten. Ich lerne weiter von Kira, damit Altern in

Würde gelingt. Jetzt für Kira. Später einmal für mich. Hoffentlich immer öfter für immer mehr Menschen.

Abschied von Lea

Zögerlich nähern sich Julia und Laura der Haustür. Schon seit Tagen ist ihre Heimkehr nach der Schule überschattet von der bangen Frage, ob Lea noch lebt. Die alte Hündin steht nur noch selten schwerfällig auf, bewegt sich lediglich wenige Meter, um Pipi zu machen, nimmt ab und zu extra leckere Häppchen aus der Hand. Aber sie wedelt auf ihrem Ruheplatz freudig, wenn die Kinder heimkommen. Die stellen ihre Rucksäcke in die Ecke und setzen sich zu Lea. Sie stecken ihre Hände ins wuschelige Fell und werfen sich sorgenvolle Blicke zu. Zum ersten Mal erleben die beiden das Sterben eines geliebten Tieres bewusst mit. Gestern war ihre Tante da, um Abschied zu nehmen. Da sind Tränen geflossen bei allen. Lea nimmt das auf ihre ganz eigene Weise mitfühlend auf und leckt die Hände ihrer Lieblingsmenschen. Aber es wurde auch gelacht bei mancher Anekdote aus dem reichen Tierleben dieses Familienmitglieds.

Die alte Dame schläft viel und ganz tief, wirkt weit weg vom irdischen Geschehen selbst mit offenen

Augen. Wenn ihr Nähe und die Trauer zu viel werden, ruckelt sie unruhig im Körbchen. Die Zeichen müssen wir Menschen lesen, die Mädchen sind gut darin. Sie halten dann Abstand, machen Hausaufgaben, gehen draußen spielen. Allerdings zieht es sie bald wieder in den großen Familienraum, in dem das Leben ein Stück weit stillsteht. Lea schläft neben einer Salzkristall-Lampe, die warmes Licht spendet. Ob die ruhige Musik eher dem Wunsch ihres Frauchens entspricht oder ihrem bleibt ungeklärt. Die Hundeohren sind schon lange nicht mehr so fein wie vor Jahren, dennoch stellt Lea sie ab und zu in Richtung der Gespräche und Geräusche am Esstisch.

Dort wird die Frage bewegt, ob wir etwas tun müssen. Infusionen von der Tierärztin? Gekochtes Hühnchen besser mal püriert anbieten? Zum Mini-Spaziergang auf die Wiese überreden? Die Gedanken entspringen dem verzweifelten Wunsch, Lea bei uns zu behalten, möglichst munter natürlich. «Was sagt uns Lea?» – wird zur Schlüsselfrage und es entlastet, gemeinsam reinzuspüren und auszutauschen, was die Hündin mitteilt. Wir alle kennen sie so gut, sie begleitet die Kinder seit deren Geburt, und wir ermutigen uns, unserem Bauchgefühl zu trauen. Julia kämpft mit den Tränen. Zur Trauer gesellt sich ein Ausdruck von Ärger und Wut. Zögerlich rückt sie damit heraus. Ihre Schulfreundin hat ihr heute verraten, was ihre Eltern zur Sterbebegleitung denken: «Warum schläfert ihr Lea nicht einfach ein? Bei Tieren ist die Euthanasie-Spritze doch eigentlich üblich und legitim.» Niemand von uns will Lea «umbringen» lassen, wie es Laura drastisch formuliert.

Auch hier hilft uns der Blick auf Leas Signale. Hat sie Schmerzen, ist sie unruhig, gar unwillig? Nein, sie wirkt eher friedlich. Ich erinnere daran, dass auch der andere Pol des Lebens, die Geburt, nicht ohne Anstrengung verläuft und als Prozess seinem eigenen Rhythmus folgt. Lea will das offenbar alles nicht hören, sie steht auf und geht steifbeinig zur Tür. Am Abend wird deutlich: ihre Atemzüge werden langsamer, die Pausen dazwischen größer, ihr Blick richtet sich noch mehr nach innen. Wir sind alle bei ihr, sagen ihr unter Tränen, dass sie gehen darf und wir sie immer in unserem Herzen tragen werden. Auf das Hundegrab legen Julia und Laura noch wochenlang täglich frische Blumen.